# 生活者のための
# 民法（債権関係）＆
# 消費者契約法改正

### 法改正の概要と今後の課題

神戸合同法律事務所

弁護士 辰巳 裕規

# はしがき

　私たちの市民生活に深く関わっている「民法」が──債権関係を中心に──まもなく大きく改正されます。また、民法改正に先立ち、日常取引の大きな割合を占める消費者取引を規律する「消費者契約法」が平成28年5月に改正されました。

　モノを買う、家を借りる、修理を依頼する、お金を借りる等々、私たちが日常生活において行う取引は「民法」に規律されています。民法の改正は企業のビジネスだけでなく、私たち市民の日常の生活にも大きな影響を与えることとなります。また、私たちの日常取引の相手方は多くは企業（事業者）となります。事業者と消費者との間の契約を規律する「消費者契約法」の改正も私たちの生活に大きく関わるものです。本書は、民法（債権法）改正及び消費者契約法（実体法）改正について、私たちの生活に関わる規律を中心に可能な限り平易に解説するものです。

　もっとも、今般の両法の改正は生活者の立場からは必ずしも十分なものではありません。また民法の改正においては弊害が生じるおそれを指摘せざるを得ないものもあります。

　民法は「当事者の対等」「私的自治」「契約自由」「自己決定と自己責任」を原則としていますが、このような原則ばかりが強調されると、消費者・労働者などの契約弱者は不利な立場に置かれることとなります。民法改正の審議過程においては、契約格差を是正し、契約締結過程や契約内容の適正化をはかるための規律を民法に盛り込むことも検討されてきましたが、今般の法改正では、その多くは見送られてしまいました。契約格差の是正は、民法ではなく消費者契約法などの改正において実現すべきであるなどと経済界などから強く主張がなされたことによります。

　他方、消費者契約法は事業者と消費者の情報・交渉力格差を是正するために、不当勧誘及び不当条項規制を定めていますが、同法が定める消

費者の権利の拡充が長年求められていました。また、民法改正の審議において見送られた規律を消費者契約法改正において実現すること、あるいは民法改正により生じるおそれのある弊害を消費者契約法改正により是正することも求められていました。しかしながら今般の消費者契約法の実体法改正では、消費者の権利の拡充はごく一部に留まる結果となっています。企業の経済活動を萎縮させることへの懸念などが経済界から強く主張されたためです。

　このように民法、そして消費者契約法の改正は私たちの生活に大きな影響を及ぼすものですが、今般の法改正は生活者・消費者にとって決して十分なものではなく、さまざまな課題が残されています。これは、いずれの法改正においても経済界の意向が大きく反映された一方で、生活者・消費者サイドにおいて、契約過程・契約内容の適正化の実現等あるべき法改正に向けた「力」「声」が必ずしも結集されていない結果によるようにも思われます。

　このような問題意識から、本書では改正法の内容を概説するだけでなく、生活者の視点から改正法の問題点や今後に残された課題についても言及しています。また同時期に改正作業がなされた民法と消費者契約法について可能な限り対照を試みています。近い将来、生活者・消費者のための民法あるいは消費者契約法改正が実現することを願ってのものです。

　本書が、今般の民法（債権法）改正・消費者契約法（実体法）改正の概要を大づかみする一助となること、そして、今後のあるべき法改正について考える契機となれば幸いです。

　最後に、本書の刊行にあたり、耕文社の兵頭圭児氏から本書の内容や構成等についての助言など多大な御支援を頂きました。この場を借りてお礼を申し上げます。

　　2016年9月

　　　　　　　　　　　　　　　　　　　　　　　　辰巳　裕規

# 目　次

はしがき …………………………………………………………………… 1

## 第1章　民法（債権法）の改正

### 第1節　そもそも「民法」とは …………………………………………… 7
1　「民法」という法律 ………………………………………………… 7
2　生活に大きく関わっている民法 …………………………………… 8

### 第2節　なぜ今、民法改正なのか──改正の必要性と対象 ………… 11
1　法制審議会への諮問 ………………………………………………… 11
2　見直しの対象 ………………………………………………………… 12
3　審議の経過と今後の立法の見通し ………………………………… 13

### 第3節　民法改正法案の概要と傾向 …………………………………… 15
1　「大改正」から「中規模」改正へ？ ……………………………… 15
2　改正民法の傾向──合意重視？　ビジネスルール化？ ………… 15
3　民法改正と消費者契約法等の拡充の必要性 ……………………… 17
4　報道から見る民法改正 ……………………………………………… 18

### 第4節　主な改正点について …………………………………………… 24
1　意思能力 ……………………………………………………………… 24
2　公序良俗（民法第90条関係） ……………………………………… 24
3　意思表示──錯誤（民法第95条関係） …………………………… 26
4　取消しの効果と原状回復の義務 …………………………………… 27
5　債権の消滅時効における原則的な時効期間と起算点 …………… 29
6　職業別の短期消滅時効等の廃止 …………………………………… 31
7　生命・身体の侵害による損害賠償請求権の消滅時効 …………… 32
8　法定利率──法定利率の引き下げと変動制の導入 ……………… 33
9　中間利息控除 ………………………………………………………… 35
10　債務不履行法制の整備等──履行請求権・債務不履行による損害賠償・契約の解除・危険負担等 …………………………………………………………… 36
11　債権者代位権（改正民法423条～423条の7）・詐害行為取消権（改正民法424条～424条の9・425条～425条の4・426条） …………………………… 43
12　保証債務──個人根保証契約 ……………………………………… 43
13　保証債務──事業に係る債務についての保証契約の特則（個人保証の制限） … 46
14　保証債務──情報提供義務 ………………………………………… 50
15　債権譲渡 ……………………………………………………………… 52
16　契約自由の原則 ……………………………………………………… 54
17　定型約款 ……………………………………………………………… 56

     18　売買──「瑕疵担保責任」制度の大幅な見直し ……………………… 64
     19　消費貸借──「諾成的消費貸借」の明文化等 …………………… 66
     20　賃貸借──敷金と原状回復義務 ………………………………………… 69
     21　請負──瑕疵担保責任の規定の整理等 ………………………………… 70
  第5節　小　括 ………………………………………………………………………… 73

## 第2章　消費者契約法（実体法）の改正について
  第1節　消費者契約法について ……………………………………………… 77
  第2節　消費者契約法の実体法規定の概観 ……………………………… 80
     1　消費者・消費者契約とは（2条1項ないし3項）………………… 80
     2　契約条項の平易明確化義務・情報提供努力義務（3条1項）…… 81
     3　不当勧誘規制──誤認類型・困惑類型（4条）…………………… 81
     4　不当条項規制（8条ないし10条）………………………………… 82
  第3節　平成28年消費者契約法（実体法）改正の経過 …………… 84
  第4節　平成28年改正消費者契約法の内容 ………………………… 87
     1　「重要事項」の追加（改正消費者契約法4条5項3号）………… 87
     2　「過量契約」取消権の創設（改正消費者契約法4条4項）……… 89
     3　取消権を行使した消費者の返還義務の限定（改正消費者契約法6条の2）…… 91
     4　取消権の行使期間の伸張（改正消費者契約法7条1項）………… 94
     5　不当条項類型の追加──解除権放棄条項の無効（改正消費者契約法8条の2）… 95
     6　不作為をもって意思表示とみなす条項（改正消費者契約法10条）………… 97
  第5節　今後の検討課題 …………………………………………………………… 100
     1　消費者契約法改正法の成立と国会附帯決議 ……………………… 100
     2　「今後の検討課題とされた論点」の位置づけ ……………………… 101
     3　「勧誘」要件の在り方について（広告規制）……………………… 101
     4　不利益事実の不告知の見直し ………………………………………… 103
     5　困惑類型の追加 ………………………………………………………… 105
     6　不招請勧誘の禁止 ……………………………………………………… 106
     7　第三者による不当勧誘（5条1項）…………………………………… 108
     8　「解除に伴う」要件（9条1号）……………………………………… 110
     9　「平均的な損害の額」の立証責任（9条1号）……………………… 111
     10　条項使用者不利の原則 ……………………………………………… 113
     11　その他の論点 ………………………………………………………… 114
  第6節　小　括 ……………………………………………………………………… 116

おわりに──生活者のための民法・消費者契約法改正の実現を目指して ……… 117
索　引 ……………………………………………………………………………………… 121

第1章

# 民法（債権法）の改正

# 第1節　そもそも「民法」とは

## 1　「民法」という法律

　民法は明治31（1898）年に施行された法律です。

　民法は「総則」「物権」「債権」と「親族」「相続」の五編からなり、条文は1044条にも及びます。

　このうち「総則」「物権」「債権」を「財産法」、「親族」「相続」を「家族法」といいます。

　「家族法」は終戦後に、家制度の見直しや両性の平等などの理念から大きく改正がなされましたが*1、「財産法」は明治31年以降約120年もの間、大きな改正はなされないままでした*2。

---

＊1　家族法の分野では最近でも改正が繰り返されている。平成25年改正において嫡出でない子の相続分が嫡出子の相続分と同等となり、平成28年改正において女性の再婚禁止期間が100日に短縮される等の改正がなされている。平成28年7月現在、法務省法制審議会民法（相続関係）部会では配偶者の法定相続分の見直し等について審議がなされている。

＊2　平成16年に「ひらがな化」及び「保証制度の見直し」がなされている。

## 2　生活に大きく関わっている民法

### (1) 「私法」と「公法」

　民法は、「私人」間の関係、「市民」と「市民」の取引などの関係を規律する法律です。憲法・刑法・行政法など、国（自治体）と国民（住民）を規律する「公法」に対して「私法」といいます。

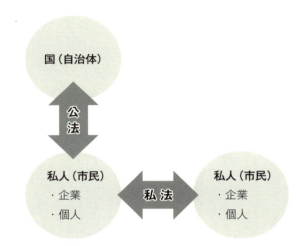

### (2) 日常生活で頻繁に行われる「契約」

　「私人」間の法律関係といっても、現代社会においては「企業」「法人」が主体となる場合が少なくありません。「企業」と「企業」の間の「商取引」や、「企業」と「消費者」との間の「消費者取引（消費者契約）」などが日常の経済活動の中で頻繁に行われています。

　もちろん、私たちの日常生活の中では、友人間・親族間など個人間においても例えば、お金の貸し借り（消費貸借）・プレゼント（贈与）・売買なども行われています。最近ではインターネットにおける取引も活発ですが、個人間でもネットオークションによる売買なども行われています。

　コンビニでジュースを買う（売買契約）、銀行でお金を借りる（消費貸借契約）、銀行に預金をする（寄託契約）、孫にお年玉をあげる（贈与

契約)、家を借りる(賃貸借契約)、友人の自動車を使わせてもらう(使用貸借契約)、大工さんに家を建ててもらう(請負契約)、アルバイトにいく(雇用契約)など、私たちの日常生活においても「私人」間の取引が繰り返されています。

　そして、これらの私人間の取引は、ほとんどの場合「契約」に基づいて行われています。例えば、コンビニでジュースを買う場合、売主(コンビニ)は買主(お客さん)がジュースをお店から持ちだして飲む権利を認めています(ジュースの所有権を買主に移転させています)。その代わりに、買主は売主に代金を支払う義務を負います。これらの権利・義務関係が、買主と売主との間の「売買契約」で定められています[*3]。もしも買主が代金を支払わない場合には、売主は買主に対して契約に基づいて代金を支払うことを請求することができます(裁判を起こして代金を支払わせることも可能です)。売買契約を解除してジュースの返還を求めることもできます。

　もちろんコンビニのレジにおいて、お客さんと店員との間で、「今から『商品の権利を移転する』『代金を払う』という売買契約を締結します」などとわざわざ確認することはないでしょうし、まして売買契約書を作成することもありません。店員はお客さんに挨拶をして「100円になります」などと代金を告げる程度です。買主はほとんどの場合は無言で代金を支払い、品物を受け取ってお店を出て行くだけです。しかし、このやり取りの過程において、コンビニとお客さんは暗黙のうちに「売買契約」をしていることになります。

　なお、私人間の法律関係が「契約」に基づかないで発生することもあります。たとえば交通事故の場合、加害者と被害者との間には事故発生以前には何らの関係も面識もないことがほとんどです。もちろん衝突の瞬間に「契約」が締結されることもありません。しかし、被害者は加害

---

＊3　売買は、当事者の一方がある財産権を相手方に移転することを約し、相手方がこれに対してその代金を支払うことを約することによって、その効力を生ずる(民法555条)。

者に不法行為に基づく損害賠償請求をすることができます[*4]。このように「契約」によらずに私人間に権利・義務の関係が発生することもあります。

### (3) 民法は私法の「一般法」

　私人間の関係を規律する法律は民法の他にも商法・労働契約法・消費者契約法など多数あります。これらの法律は特定の場面において民法に優先して適用されますが（民法に対して「特別法」となります）、これらの「特別法」に定めがない場合については広く民法が適用されることになります。すなわち民法は私法の「一般法」となります。

### (4) 民法は私たちの生活の基盤となっている

　このように、私たちが日常生活において意識しているか否かに関わりなく、私たちの誰もが毎日、民法に関わって生活をしているといっても過言ではありません。そして、民法は、企業間だけでなく、企業と消費者との間の取引（消費者契約）や個人間の取引などについても規律している司法の基本的なルールになります。民法は私たちの市民生活の重要な基盤になっているのです。

　そして、この私法の一般法である民法を改正するという作業は、私たちの生活にも大きな影響を与える可能性があります。

---

[*4] 故意又は過失によって他人の権利又は法律上保護される利益を侵害した者は、これによって生じた損害を賠償する責任を負う（民法709条）。

## 第2節　なぜ今、民法改正なのか
――改正の必要性と対象

### 1　法制審議会への諮問

　法務大臣は平成21年10月28日に法務省に設置されている法制審議会に対し民法のうち債権関係の規定の見直しについて諮問し、以後、法制審議会に設置された民法（債権関係）部会において平成27年2月まで約5年間99回にも及ぶ審議が行われてきました。

> 【諮問第88号（平成21年10月28日総会）】
> 　民事基本法典である民法のうち債権関係の規定について、同法制定以来の社会・経済の変化への対応を図り、国民一般に分かりやすいものとする等の観点から、国民の日常生活や経済活動にかかわりの深い契約に関する規定を中心に見直しを行う必要があると思われるので、その要綱を示されたい。

　諮問では、見直しの必要性として「同法制定以来の社会・経済の変化への対応を図」ること、「国民一般に分かりやすいものとする」ことが掲げられています。その他、民法の国際的な統一なども理由とされることがあります[*5]。

　民法が施行された明治31（1898）年から約120年が経過する間、企業活動がめざましく発展し、インターネットなど通信手段も高度化し、事業者と消費者との間の消費者契約や企業間の商取引が私人間取引の中心

---

＊5　内田貴『債権法の新時代――「債権法改正の基本方針」の概要』商事法務、同『民法改正――契約のルールが百年ぶりに変わる』ちくま新書等参照。

第1章 民法(債権法)の改正

として活発になりました。120年前の規定が現代社会の取引に適合しない場合もあり得ます。また、この120年間に民法の条文解釈に関する裁判例も多数蓄積されてきました。確立した裁判例については民法の条文として明文化した方が分かりやすいとも考えられます。

　他方で、民法改正の必要性や改正過程に対する批判も根強く存するところです[*6]。

## 2　見直しの対象

　法務省法制審議会民法(債権関係)部会のホームページ[*7]では「見直しの対象」について、

> 　民法のうち債権関係の規定について、契約に関する規定を中心に見直しが行われています。具体的には、民法第3編「債権」の規定のほか、同法第1編「総則」のうち第5章(法律行為)、第6章(期間の計算)及び第7章(時効)の規定が検討対象であり、このうち事務管理、不当利得及び不法行為の規定は、契約関係の規定の見直しに伴って必要となる範囲に限定して見直すこととされています。

と説明されています。

　民法は前述のとおり「財産法」と「家族法」からなりますが、本書においてこれから概説をしていく民法改正法案は「財産法」分野についての改正となります。そして「財産法」は、「第1編　総則」「第2編　物権」「第3編　債権」からなりますが、所有権や抵当権などの「第2編　物権」の改正は対象外とされ、まずは日常生活に深く関わりのある「第3編　債権」、特に「契約」についてのルールを中心に見直しがなされることとなりました。もっとも「総則」についても「法律行為」「時効」を中心に大きく見直されています。

---

[*6] 加藤雅信『民法(債権法)改正――民法典はどこにいくのか』日本評論社、鈴木仁志『民法改正の真実――自壊する日本の法と社会』講談社等参照。

[*7] http://www.moj.go.jp/content/000103338.pdf

| 第一編　総則 | ← | 法律行為・期間の計算・時効を中心に見直し。 |
| 第二編　物権 | ……… | 今回の見直しの対象とはしない。 |
| 第三編　債権 | ← | 「契約」を中心に見直し。 |

## 3　審議の経過と今後の立法の見通し

　前述のとおり、今般の民法（債権関係）改正については、平成21年10月28日に法制審議会に諮問がなされた後、民法（債権関係）部会において約5年間99回に及ぶ審議がなされてきました。その審議過程において「民法（債権関係）の改正に関する中間的な論点整理[8]」や「民法（債権関係）の改正に関する中間試案[9]」が公表され、それぞれに対してパブリックコメントが行われています。審議資料や議事録はホームページ上に公開されています。

　そして平成27年2月24日に法制審議会は「民法（債権関係）の改正に関する要綱[10]」を答申し、同年3月31日に内閣において閣議決定がなされ、同日国会に「民法の一部を改正する法律案（閣法63号）」が提出されました。同時に「民法の一部を改正する法律の施行に伴う関係法律の整備等に関する法律案（閣法64号）」も提出されています。民法改正は、消費者契約法その他多くの法律にも影響が及ぶためです。

　法案提出の「理由」は、

> 　社会経済情勢の変化に鑑み、消滅時効の期間の統一化等の時効に関する規定の整備、法定利率を変動させる規定の新設、保証人の保護を図るための保証債務に関する規定の整備、定型約款に関する規定の新設等を行う必要がある。これが、この法律案を提出する理由である

---

＊8　http://www.moj.go.jp/content/000074989.pdf
＊9　http://www.moj.go.jp/content/000112242.pdf
＊10　http://www.moj.go.jp/content/001136889.pdf

第1章　民法（債権法）の改正

とされています。

　もっとも平成27年の通常国会は、いわゆる「安保国会」となった影響などで民法改正法案は審議されませんでした。翌平成28年の通常国会においても早々に参議院議員選挙モードとなるなどで実質審議はなされておりません。今後スムーズにいくのであれば平成28年秋の臨時国会か平成29年の通常国会において成立すると見込まれています。

　成立した改正民法が実際に適用されることとなる施行期日については「この法律は、公布の日から起算して三年を超えない範囲内において政令で定める日から施行する」とされています（法案附則1条本文）。仮に平成28年中に成立した場合、平成31年中には改正民法が施行されることとなります[*11]。

---

*11　施行日前になされた法律行為等について施行日後において改正法が適用されるのか否か等適用関係については今後注意が必要になる。

# 第3節　民法改正法案の概要と傾向

## 1　「大改正」から「中規模」改正へ？

　民法改正法案における改正項目は約200にも及びます。
　審議開始当初は、消費者契約の特則、サービス契約（役務提供型契約の受け皿規定）、ファイナンス・リース契約の新設など500前後の論点が議論の俎上に載せられていましたが、その後約半数の論点については改正が見送られた結果となっています。当初の「大改正」から「中規模改正」に留まった印象があります。なお審議の過程において、立法化が見送られた論点の中には、私たち生活者・消費者の保護の観点から有益であると思われた規定も少なくありません。これらについては後ほど個別に見ていきたいと思います。

## 2　改正民法の傾向——合意重視？　ビジネスルール化？

　今般の民法改正では、当事者の合意を重視することを中心に、また契約法を中心に民法を再構成することが指向されてきたと指摘されることがあります。
　個人（私人）間の法律関係の中心は「契約」であることは既に述べました。そして、自らの権利義務に関わる事項については自らの意思で決定するという「私的自治」（自己決定と自己責任）の原則のもと、どのような内容の契約を締結するかについては契約を締結する当事者の自由に委ねられる（そして締結された契約に当事者は拘束される）という

「契約自由の原則」が民法の大原則であるとされています*12。

　当事者の合意により成立した契約が、後日、安易に無効とされたり変更されたりすると、契約が守られると考えていた当事者の信頼や予測可能性が損なわれますし安心して取引をすることができなくなります。当事者の合意・契約が安定的に守られることで取引の円滑・迅速がはかられることとなります。民法は企業間の取引においても適用されますので、主に経済界の立場からは、合意重視・契約重視がより指向されることとなります。この合意重視・契約重視ばかりが過度に強調されると民法が「ビジネスルール化」「商（法）化」されることとなります。

　もっとも「契約自由の原則」は、契約の当事者となる「人」と「人」は対等であることを前提としています。しかしながら、現代社会においては、事業者と消費者、大企業と中小企業・小規模事業者、使用者と労働者など契約当事者の間に情報・交渉力などに構造的な格差が存在しています*13。力の弱い消費者等（「契約弱者」と呼ばれることがあります）は力の強い事業者が主導する契約を鵜呑みにせざるを得ないことがほとんどです。この場合に、契約自由の原則・合意の拘束力ばかりが過度に強調されると、力の弱い消費者等にだけ一方的に不利益が押し付けられてしまうおそれがあります。現行民法下においても「自己決定」と「自己責任」という民法の原則の名の下に消費者が事業者に対する訴訟において敗れてしまうことが残念ながら少なくありません。改正により民法が「ビジネスルール化」されると、これまで以上に消費者等の契約弱者に厳しい結果を招くのではないかとも懸念されてきました。

　私の印象では、民法改正法案においては、当初懸念されていたほどには合意重視・契約重視への大転換（民法のビジネスルール化）が図られ

---

*12　改正民法521条は「何人も、法令に特別の定めがある場合を除き、契約をするかどうかを自由に決定することができる」（1項）、「契約の当事者は、法令の制限内において、契約の内容を自由に決定することができる」とする「契約の締結及び内容の自由」についての規定を新設している（本書54頁参照）。

*13　消費者契約法1条は「消費者と事業者との間」に「情報の質及び量並びに交渉力の格差」があることを前提としている（本書78頁以下参照）。

るには至っておらず、現行民法の基本的な考え方に大きな変更はないものと感じています（現行民法自体が既に「合意重視」に立脚しているといえます）。もっとも、個別の条項案の中には取引の円滑・迅速の重視、合意重視、契約の拘束力の強化に軸足を置いているものが散見されます。また、当事者の慎重な意思形成過程を確保するための規定（不実表示取消権・説明義務等）や契約内容の適正化のための規定（現代型暴利行為等）の明文化が見送られたことなどにも民法の合意重視の傾向はなお伺われます。

## 3　民法改正と消費者契約法等の拡充の必要性

　消費者、労働者、賃貸借や消費貸借の借主など契約弱者を保護し、あるいは自己決定権を実質的に保障するために、消費者契約法・労働契約法・借地借家法・利息制限法などの「特別法」が定められています。改正民法において当事者の対等を前提とする合意重視の傾向が強められたのであれば、それとのバランスにおいて消費者契約法などにおける消費者等の保護のための規律の拡充も併せて実現される必要があります（平成28年消費者契約法改正は民法の改正に先んじて実現しました）。

　ところで民法改正の審議過程においては、民法典の中に「消費者契約の特則」や「消費者契約等における格差の存在を信義則の考慮要素とする規定」を設けることなども検討されましたが[14]、立法化は見送られております。民法はあくまで当事者の対等を前提とする法律であり、消費者等の保護は特別法において実現すべきとの考え方は、ビジネス界からだけではなく消費者サイドからも根強く主張されました。民法に消費者に関する規律が取り込まれると、消費者保護法の迅速な改正が阻害され

---

*14　民法（債権関係）の改正に関する中間的な論点整理「第62　消費者・事業者に関する規定」「1　民法に消費者・事業者に関する規定を設けることの当否」「2　消費者契約の特則」、民法（債権関係）の改正に関する中間試案「第26　契約に関する基本原則等」「4　信義則等の適用に当たっての考慮要素」等。

るのではないか、消費者保護法の体系が破壊されるのではないか、当事者の対等を前提とする民法典の中で消費者保護が希薄化されるのではないか、あるいは消費者契約の特別が例外的・特異な規定として民法典に置かれることにより中小企業・小規模事業者などその他の契約弱者についての類推適用が困難となるのではないかなどの指摘もなされました。

　もっとも民法において消費者等の保護を実現することと消費者契約法等消費者保護関連法規においても併せて消費者保護の拡充を実現することは必ずしも二律背反ではないとも思われます。

　いずにしても民法改正過程において見送られた消費者等の契約弱者の保護に関する規律等については、消費者契約法実体法の更なる改正作業等において実現されることが強く望まれます。

## 4　報道から見る民法改正

　平成27年2月に民法改正の要綱案が公表された際には、マスコミにおいても報道が比較的大きくなされました。もっとも改正項目は約200項目にも及んでおり、これらを網羅的に報道することはもとより困難であり、必然的に報道の内容は、国民に関心が及びやすい、わかりやすい項目に絞られることとなります。

　例えば、「読売新聞」2015年2月11日朝刊1面では「民法に『約款』規定」との見出しのもと「民法の債権に関する条文の抜本改正は、1896年の民法制定以来、初めて。要綱案には、飲食店での未払い金（ツケ）の時効延長など約200の見直し項目が盛り込まれており、約款以外の項目は、昨年8月にまとまっていた。法務省は一連の見直し内容を反映した民法改正案を今国会に提出する……」と紹介されています。

　民法では消滅時効の期間は原則10年とする規定がありますが（現行民法167条1項）、1年ないし3年の短期の消滅時効も併せて定められていました（現行民法170条ないし174条）。これを改正民法では「権利行使できることを知った時から5年」に統一することとなっています

## 第3節 民法改正法案の概要と傾向

# 民法に「約款」規定
## 法制審決定 抜本改正要綱案

法相の諮問機関「法制審議会」の民法部会は10日、民法の債権に関する規定を抜本的に見直す要綱案を決定した。民法に「約款」に関するルールを新設することなどを打ち出した。24日の法制審総会で法相に答申する予定。

民法の債権に関する条文の抜本改正は、1896年の民法制定以来、初めて。要綱案には、飲食店での未払い金（ツケ）の時効期間など約200の見直し項目が盛り込まれており、昨年8月にまとまっていた。法務省は一連の見直し内容を反映した民法改正案を今国会に提出する。

これまで民法には約款に関する規定がなく、約款が契約内容として有効と認められる要件があいまいなままとなっている。インターネット通販などでは、消費者が約款を理解しないまま商品を購入し、届いた商品に不満があっても、約款で返品が認められないなどのトラブルが相次いでいた。

■民法改正要綱案のポイント

| 未払い金債権 | 病院や飲食店での未払い金の債権が無効になる時効期間を原則5年にする |
| 法定利率 | 契約で特に金利を定めなかった場合に適用される「法定利率」を5％から3％に引き下げ、3年ごとに見直す |
| 保証人 | 融資の際に安易に第三者が保証人とならないよう、公証人による意思確認を義務づける |
| 賃貸住宅契約 | 賃貸住宅契約で、借り主が経年変化による物件の原状回復義務を負わないルールや、敷金返還規定を明記する |
| 約款 | 消費者の利益を一方的に害する約款は無効とすることを明記する |

約款は、保険やガス、電気の売買など、企業が特定多数の消費者との間で同じ内容で契約を大量に締結するため、あらかじめ定めておく契約条項。企業は消費者との間で個別に契約内容を決める必要がなく、効率的に契約を処理できる利点がある。

要綱案は、裁判で無効とされたが、要綱案は、約款が有効と認められる条件として、①企業と消費者の間で、約款を契約内容とすることで合意する②企業が約款を契約内容とすることをあらかじめ表示する──のいずれかを満たす必要

があるとした。ネット通販の場合であれば、約款成立前の段階で、消費者が約款を読んだうえで同意するむねのらんをクリックしてもらうなどの手続きが必要になる見込み。

また、消費者の利益を一方的に害する内容の約款は認めないことや、約款の変更は消費者にとって利益になる場合に限ることなどを打ち出した。

法制審議会の民法部会は2009年から民法の見直しを検討しており、昨年8月、約款以外の約200項目を見直した。未払い金の債権消滅の時効期間については、飲食代（1年）、弁護士費用（2年）、病院の診療費（3年）を5年に延長

する規定を明記。銀行融資の保証人となった第三者が、借金返済を求められて生活破綻に追い込まれないよう、公証人が保証意思を確認することも義務づける。

見直しでは、賠償金に上乗せする遅延利息などに適用される法定利率（ねんり）が市場金利に比べて高すぎる現状を踏まえ、3％に引き下げたうえで、市場金利の実勢を踏まえて3年ごとに見直す変動制を導入する。

賃貸住宅契約では、借り主が経年変化による物件の原状回復義務を負わないことや、大家による敷金返還規定を明記。銀行融資の保

「読売新聞」2015年2月11日朝刊1面

第1章　民法（債権法）の改正

（改正民法166条1項1号、本書29頁以下参照）。飲み屋のツケは5年に延びますが（喜ぶ人もいるし悲しむ人もいるかも知れません）、知人間のお金の貸し借りなどについてもこれまで10年の時効であったのが5年に短縮される可能性があるのです。

「飲食店での未払い金（ツケ）」の消滅時効期間が1年（現行民法174条4号）から5年（改正民法166条1項1号）に延長されたことが、約120年ぶりの民法の大改正の冒頭に紹介されていることは興味深いところです。

また、多くの報道では、民事の法定利率が年5％から年3％に引き下げられることも取り上げられています。民事の法定利率は年5％とされており（現行民法404条）、死亡あるいは後遺障害などにおける「逸失利益」の計算においても年5％の運用を前提とした「中間利息控除」が行われてきましたが[*15]、改正後の当初の法定利率は年3％に変更されます（改正民法404条2項、本書33頁以下参照）。その結果、損害賠償額が増額される可能性があります。他方で、損害賠償に伴う遅延損害金についても年5％から年3％に引き下げられることになります（改正民法419条1項）。

保証人に関わる改正についても紹介がなされています。多重債務や自殺の原因ともされる保証人制度については、事業者向けの融資の保証について、経営者等以外の第三者の保証人をつける際には、予め公証役場において保証人となる意思を表示し、その旨を公正証書に記載してもらうことが必要になりました（改正民法465条の6、本書46頁以下参照）。また賃貸借の保証などの根保証全般について限度額を定めることが必要となりました（改正民法465条の2、本書43頁以下参照）。

新聞の見出しに取り上げられるなど、最も大きく報じられたものは、約款（やっかん）の基本的なルールが民法に定められることとなったことです。インターネットなどで細かな文字で契約条項を示されても、多くの方は読む

---

[*15]　最判平成17年6月14日参照。

事もなく「同意」をクリックしていると思います。また、私たちは日常の交通機関などの利用の際にも運送約款に従うこととされているのですが、そのようなことは普通は意識していません。こうした「見たことも、読んだこともない約款」について拘束されるためのルールや、一方的に不利益な条項が盛り込まれていた際の救済ルールについても明文化がなされることとなりました（改正民法548条の2以下、本書56頁以下参照）。

　この約款の規定導入については、経済界からの反対も根強く、審議会の最終段階になってようやく明文化をするという結論に至りました。その結果、約款の規定導入が大きく報じられることとなりました。「日本経済新聞」2015年2月11日朝刊3面では「民法　消費者保護へカジ」「不当な約款は無効明文化」との見出しのもとで、約款規定の導入について紹介がなされています。

　もっとも消費者契約については既に消費者契約法による不当条項規制があります（消費者契約法8条ないし10条）。今般の民法改正が果たして「消費者保護にカジ」をきったものであるかについては疑問があります。

　その他、報道では、著しい認知症などに関わる意思無能力無効の規定（改正民法3条の2、本書24頁参照）、錯誤が無効から取消となるとともに動機の錯誤などが明文化されること（改正民法95条、本書26頁以下参照）、売買における修補請求・追完請求ができる旨の明文化（改正民法562条、本書64頁以下参照）、賃貸借における敷金（改正民法622条の2）や原状回復義務についての規定の明文化（改正民法621条、本書69頁以下参照）なども紹介されています。もっとも、これらの報道で今般の民法改正の全体像や意義が市民に広く浸透したかと言えば心許ない気もします。

　民法は、私たちの生活の基盤となる重要な法律ですが、その改正を求める声が市民あるいは企業から湧き上がっていたかと言えば、必ずしもそうとはいえません。多くの市民にとっては（あるいは弁護士・司法書士等法律専門家にとっても）、今般の民法の全面的な改正については唐突感があり、改正を主導してきた審議会等との間に改正の必要性や意義

についての認識に大きなギャップが生じている感もあります。民法は市民生活に直結する重要な法律です。今後の国会審議や施行にあたっては国民に民法改正法案が十分周知がなされること、また市民生活にとって本当に必要な改正が更に探求されることが重要です。

# 民法 消費者保護へカジ

## 法定利率 3年ごと見直し

## 連帯保証 意思確認厳格に

### 120年ぶり改正へ今国会に法案提出

法制審議会（法相の諮問機関）の民法部会は10日、契約ルールを定める債権関係規定（債権法）の民法改正（きょうのことば）要綱案をまとめた。1896年の制定以来初の抜本改定では、お金の借り手の保護や、買い手の利益を害するような規定の排除などを盛り込んだ。インターネットの普及など時代の変化にもあわせ、消費者保護に軸足を置く形で大きく見直す。

ネット通販の普及などで消費者保護の重要性が高まっている

法制審は24日に総会を開き、上川陽子法相に答申する。法務省は通常国会に民法改正案を提出する。今回の改正の項目は約200にのぼる。

柱の一つはお金を貸し借りした人が特に定めなかった場合に、自動的に適用する利率である法定利率の見直しだ。現在は明治時代に決まった規定で5%になっているが、実勢にあっていないため、まずは3%に引き下げ、その後は3年ごとに1%刻みで見直す変動制を導入する。

連帯保証制度の見直しも盛り込む。中小零細企業への融資などで家族ら第三者が個人で保証人になる場合は、公証人が立ち会って自発的な意思を確認しなければ無効とした。家族の間で保証人になった結果、自己破産に追い込まれる例などがあるためだ。

支払い時効についての規定も見直す。現在、個人の貸金債権などは原則「権利を行使することができるときから10年」で消滅するが、飲食代は1年、診察料は3年などと業種によって異なる「短期消滅時効」が混在している。改正後は「原則10年」を維持したうえで、業種を問わず「知ったときから5年」に統一する。

これまで判例などで実務に定着している基本的なルールも民法に明記する。重い認知症の高齢者など意思能力のない者による契約は無効であると規定する。マンションなどを借りた場合、担保として大家に収める敷金については、これまで返還ルールが明確になっていなかった。借り手側が不利益を被る場合もあるため、契約終了時に借り主に返すよう義務付ける。経年劣化による補修費分は貸主の負担とする。

**民法改正要綱案のポイント**

| | 現在 | | 改正案 |
|---|---|---|---|
| 法定利率 | 5%の固定金利 | ➡ | まず3%に下げ。3年ごとに1%刻みで見直し |
| 連帯保証 | 家族が保証人になって破綻する例も | ➡ | 経営者以外の保証人は公証人が自発的な意思を確認 |
| 時効 | 飲食料は1年、弁護士報酬は2年、医師の診療報酬は3年など業種ごとに異なる | ➡ | 「知ったときから5年」に統一 |
| 賃借マンションの契約 | 保証人が負う限度額を定めない契約が一般的。「敷金」の規定なし | ➡ | 限度額の規定を義務付け。敷金は原則、借り主に返すと明記 |
| 約款 | 規定なし | ➡ | 買い手の利益を一方的に害する項目は無効などと明記 |

「日本経済新聞」2015年２月11日朝刊３面

# 第4節 主な改正点について

## 1 意思能力

> 第二節 意思能力
> 第3条の2
> 　法律行為の当事者が意思表示をした時に意思能力を有しなかったときは、その法律行為は、無効とする。

※新設

　重度の認知症などにより、自分が行っている契約の意味合いなどが理解できないという程度の判断能力で行った契約は無効となります。これまでも解釈上、意思能力を欠いた法律行為は無効とされてきましたが現行法には条文がありませんでした[16]。今般の改正はこのような確立していた解釈を明文化したものです。

## 2 公序良俗（民法第90条関係）

> （公序良俗）
> 第90条
> 　公の秩序又は善良の風俗に反する法律行為は、無効とする。

---

[16] 家庭裁判所で成年後見と認められた場合の本人（被後見人）の行為は取り消すことができます（民法9条）。

## 第4節　主な改正点について

【現行民法90条】
　公の秩序又は善良の風俗に反する事項を目的とする法律行為は、無効とする。

　契約自由の原則といえども、公序良俗に違反する場合には契約は無効となります。公序良俗に違反するか否かについては、その法律行為の目的だけでなく、法律行為の過程などの諸事情も考慮されると解されてきたことから「事項を目的とする」文言が削除されています。

　審議の過程においては、公序良俗違反の一類型である「現代型暴利行為」についても明文化をすることが検討されてきました。例えば「民法（債権関係）の改正に関する中間試案」では「相手方の困窮、経験の不足、知識の不足その他の相手方が法律行為をするかどうかを合理的に判断することができない事情があることを利用して、著しく過大な利益を得、又は相手方に著しく過大な不利益を与える法律行為は、無効とするものとする」との案が提示されていました[17]。しかし、この「現代型暴利行為」の規定についても、要綱案の取りまとめの段階で見送りとなってしまいました。

　消費者被害の事案においては、悪質事業者が消費者の困窮、経験・知識不足、合理的に判断ができない事情につけ込んで契約を締結させることが少なくありません。高利貸しや押し売りなどによる典型的・古典的な暴利行為は勿論のこと、恋人商法・催眠商法・霊感商法など消費者の困惑や断りにくい状況を濫用した不当勧誘（つけ込み型勧誘）についても公序良俗違反として消費者を救済する判決も少なくありません[18]。契約自由や合意の過度の強調を抑制するためにも、契約の適正化を保障する「現代型暴利行為」の規定の明文化が望まれていたところであり、その見送りは極めて残念です。今後の民法や消費者契約法実体法の更なる改正において「現代型暴利行為」の無効など不当勧誘（つけ込み型勧誘）規制の拡充が求められます（本書89頁以下参照）。

---

[17] 民法（債権関係）の改正に関する中間試案「第1　法律行為総則」「2　公序良俗（民法第90条関係）」。
[18] デート商法に関する名古屋高判平成21年2月19日参照。

## 3　意思表示──錯誤（民法第95条関係）

> （錯誤）
> 第95条
> 1　意思表示は、次に掲げる錯誤に基づくものであって、その錯誤が法律行為の目的及び取引上の社会通念に照らして重要なものであるときは、取り消すことができる。
> 　一　意思表示に対応する意思を欠く錯誤
> 　二　表意者が法律行為の基礎とした事情についてのその認識が真実に反する錯誤
> 2　前項第二号の規定による意思表示の取消しは、その事情が法律行為の基礎とされていることが表示されていたときに限り、することができる。
> 3　錯誤が表意者の重大な過失によるものであった場合には、次に掲げる場合を除き、第一項の規定による意思表示の取消しをすることができない。
> 　一　相手方が表意者に錯誤があることを知り、又は重大な過失によって知らなかったとき。
> 　二　相手方が表意者と同一の錯誤に陥っていたとき。
> 4　第一項の規定による意思表示の取消しは、善意でかつ過失がない第三者に対抗することができない。

【現行民法95条】
　意思表示は、法律行為の要素に錯誤があったときは、無効とする。ただし、表意者に重大な過失があったときは、表意者は、自らその無効を主張することができない。

　錯誤とは、大ざっぱにいうならば「勘違い」で契約をすることです。「錯誤」について現行法は大変短い条文でルールを定めています。改正法では、錯誤の効果は「無効」から「取消」とされています。取消権者が取消権を行使してはじめて無効となります（改正民法121条）。「要素」については「法律行為の目的及び取引上の社会通念に照らして重要なもの」と具体的な表現に改められています（したがって軽微な勘違いでは

取り消すことはできません)。

　そして「動機の錯誤」(動機の錯誤とは、例えばシロアリがいると勘違いをして、シロアリ駆除を依頼する場合などのように法律行為の基礎とした事情に錯誤があることです)についても確立した判例を基礎とした条文が設けられることになりました(改正民法95条1項2号及び同条2項)。

　審議の過程においては、取引の相手方が不実の表示をしたことによって引き起こされた錯誤について取消権を認める旨の規定を明文化することが検討されましたが[19]、要綱案の取りまとめの段階で見送りとなっています。

　この「不実表示」取消権については、当初は消費者契約法4条の不実告知取消権あるいは不利益事実不告知取消権の一般法化として話題となりましたが、審議会では動機の錯誤の一類型として議論が積み重ねられてきました。意思形成過程が相手方の行為により歪められた場合のリスクの分配として、錯誤による取消を認めることは契約締結過程の適正化につながるものと考えられますし、判例・実務においても錯誤による契約解消が認められているところです。明文化の見送りは極めて残念ですが、相手方が惹起した錯誤について取消の主張が解釈上認められることについては従前通り変わりありません。

## 4　取消しの効果と原状回復の義務

> (取消しの効果)
> 第121条
> 　取り消された行為は、初めから無効であったものとみなす。

---

[19] 民法(債権関係)の改正に関する中間試案「第3　意思表示」「2　錯誤(民法第95条関係)」では「表意者の錯誤が、相手方が事実と異なることを表示したために生じたものであるとき」について錯誤による取消をする旨の規定を設けることが提案されていた。

> （原状回復の義務）
> 第121条の2
> 1　無効な行為に基づく債務の履行として給付を受けた者は、相手方を原状に復させる義務を負う。
> 2　前項の規定にかかわらず、無効な無償行為に基づく債務の履行として給付を受けた者は、給付を受けた当時その行為が無効であること（給付を受けた後に前条の規定により初めから無効であったものとみなされた行為にあっては、給付を受けた当時その行為が取り消すことができるものであること）を知らなかったときは、その行為によって現に利益を受けている限度において、返還の義務を負う。
> 3　第一項の規定にかかわらず、行為の時に意思能力を有しなかった者は、その行為によって現に利益を受けている限度において、返還の義務を負う。行為の時に制限行為能力者であった者についても、同様とする。

【現行民法121条】
（取消しの効果）
第121条
　取り消された行為は、初めから無効であったものとみなす。ただし、制限行為能力者は、その行為によって現に利益を受けている限度において、返還の義務を負う。

　詐欺・強迫（なお改正法では錯誤も取消となります）あるいは消費者契約法の取消等の効果は遡及的に（はじめから）無効となります（現行民法121条本文）。しかし、現行民法にはこの取消をした後の清算関係について、制限行為能力者（未成年・後見・保佐・補助）の取消について「現に利益を受けている限度」（現存利益）の返還で足りる（現行民法121条ただし書き）とされているほかには明文はなく、不当利得の規定（現行民法703条以下）により処理をするというのが伝統的な考え方でした。しかし、これとは異なる学説（類型論）も有力となっていました。
　改正民法では、121条の2が新たに新設され、原状回復をすることが原則であること（1項）、無償行為や意思無能力・制限行為能力については現存利益の返還で足りるとされました（2項・3項）。

しかし、1項の原状回復の原則を常に適用をすると悪質商法により購入させられた不要不急の商品や役務・サービスの対価を全額返還させられるという「押し付け利得」の問題が起こることになります。取消の原因や当事者の行為の違法性・不当性を考慮して返還の範囲が制限される理論がより必要とされることになります。

この点、今般成立した改正消費者契約法6条の2は消費者契約法に基づく取消については返還義務の範囲を現存利益の範囲に制限するという手当をしています（本書91頁以下参照）。

## 5　債権の消滅時効における原則的な時効期間と起算点

> （債権等の消滅時効）
> 第166条
> 1　債権は、次に掲げる場合には、時効によって消滅する。
> 　一　債権者が権利を行使することができることを知った時から五年間行使しないとき。
> 　二　権利を行使することができる時から十年間行使しないとき。
> 〈2項以下　略〉

【現行民法166条・167条】
（消滅時効の進行等）
第166条
1　消滅時効は、権利を行使することができる時から進行する。
〈2項　略〉
（債権等の消滅時効）
第167条
1　債権は、十年間行使しないときは、消滅する。
〈2項　略〉

現行民法167条1項は債権について「10年」の消滅時効期間を定めて

います。他方、商事債権については商法において「5年」とされています（現行商法522条）。

　改正法では民事上の債権について、権利を行使することができる時（客観的起算点）から「10年」との規定（2号）に加えて、権利を行使することができることを知った時から「5年」で消滅時効となるとする「主観的起算点」についての規定が追加されています（1号）。多くの取引では、契約当事者は権利を行使することができることを知っていますから、「主観的起算点」から「5年」の時効期間が適用される場合がほとんどとなります。すなわち、これまで「10年」であった民事上の債権の時効期間のほとんどが「5年」に半減するという大きな改正です。

　消滅時効は時間の経過という理由で権利者から権利を奪う制度です。法律相談の現場では権利の行使ができる時から既に10年を過ぎてしまっている事案も少なくありません。時効を中断するためには民事訴訟を提起するなどの必要がありますが（現行民法147条）、市民にとっては様々な理由から裁判を起こすことができない場合もあります。隣人や親族間の貸し借り・立替などでは相手方に配慮し、また相手方を信頼して裁判までは起こしていない場合があります。また医療過誤・学校事故・過労死等の安全配慮義務違反に基づく損害賠償請求訴訟など専門的・複雑な事件においては裁判準備のために時間がかかることもありますし、被害に苦しみ続けているなどで経済的のみならず精神的にも権利行使が容易にできない場合もあります。これらの民事上の債権の消滅時効期間を「10年」から「5年」に一挙に半減することにはためらいを感じます。また、これまで判例は「権利を行使することができる」時の判断についても権利救済の観点から柔軟に解釈をしてきました。「主観的起算点」と「客観的起算点」とに二分化されることで「客観的起算点」の解釈が硬直化してしまうのではないかという懸念もあります。消滅時効は国民の財産権や被害救済等に大きく関わる規定です。「民事10年」との意識は一定程度市民生活に定着した規範と思われます。国民的な共通認識が形成されるまで慎重な扱いが求められます。

## 6　職業別の短期消滅時効等の廃止

第170条から第174まで削除

【現行民法の短期消滅時効】
(三年の短期消滅時効)
第170条
　次に掲げる債権は、三年間行使しないときは、消滅する。ただし、第二号に掲げる債権の時効は、同号の工事が終了した時から起算する。
　一　医師、助産師又は薬剤師の診療、助産又は調剤に関する債権
　二　工事の設計、施工又は監理を業とする者の工事に関する債権
第171条
　弁護士又は弁護士法人は事件が終了した時から、公証人はその職務を執行した時から三年を経過したときは、その職務に関して受け取った書類について、その責任を免れる。
(二年の短期消滅時効)
第172条
　弁護士、弁護士法人又は公証人の職務に関する債権は、その原因となった事件が終了した時から二年間行使しないときは、消滅する。
〈2項　略〉
第173条
　次に掲げる債権は、二年間行使しないときは、消滅する。
　一　生産者、卸売商人又は小売商人が売却した産物又は商品の代価に係る債権
　二　自己の技能を用い、注文を受けて、物を製作し又は自己の仕事場で他人のために仕事をすることを業とする者の仕事に関する債権
　三　学芸又は技能の教育を行う者が生徒の教育、衣食又は寄宿の代価について有する債権
(一年の短期消滅時効)
第174条
　次に掲げる債権は、一年間行使しないときは、消滅する。
　一　月又はこれより短い時期によって定めた使用人の給料に係る債権

第1章　民法（債権法）の改正

　二　自己の労力の提供又は演芸を業とする者の報酬又はその供給した物の代価に係る債権
　三　運送賃に係る債権
　四　旅館、料理店、飲食店、貸席又は娯楽場の宿泊料、飲食料、席料、入場料、消費物の代価又は立替金に係る債権
　五　動産の損料に係る債権

　現行民法170条から174条は短期消滅時効を定めていました。「飲み屋のツケが1年」とされているのは現行民法174条4号によるものです。レンタルビデオの延滞金については「動産の損料に係る債権」に該当し、現行民法174条5号で1年になります。このようにある種の債権について特別に時効期間に差を設ける合理的根拠が乏しいし、また複雑であるとの指摘がなされてきました（例えば、弁護士の債権は2年で時効となりますが司法書士の債権は10年で時効となると解されています）。そこで改正法では短期消滅時効の規定を削除し、一律に「客観的起算点から10年」「主観的起算点から5年」とすることにしました。

　もっとも、証拠の保存などが困難な少額取引などを含め、短期の消滅時効とする扱いが全て不合理であったのか、レンタルビデオの高額の延滞金の請求などのトラブルなどを考えるとなお検討の余地があるのかもしれません。

## 7　生命・身体の侵害による損害賠償請求権の消滅時効

> （人の生命又は身体の侵害による損害賠償請求権の消滅時効）
> 第167条
> 　人の生命又は身体の侵害による損害賠償請求権の消滅時効についての前条第一項第二号の規定の適用については、同号中「十年間」とあるのは、「二十年間」とする。

※新設

労災・医療過誤・学校事故などの安全配慮義務違反などに基づく人身損害の損害賠償請求の消滅時効期間は現行法では10年です。前述の改正法の一般ルールに従うと「主観的起算点」から5年（166条1号）、「客観的起算点」から10年（166条2号）となりますが、生命・身体侵害という重大な被害において権利者を保護する観点から、人身損害については「客観的起算点」から「20年」に延長をする特別規定が新設されました。もっとも「主観的起算点」から「5年」のルールについては特別の延長規定は設けられておらず、人身損害の救済という観点からは手放しで評価をすることはできません。少なくとも人身損害については「主観的起算点」から「10年」とするなど長期化がなされるべきと考えます。

なお、不法行為に基づく損害賠償請求は現行民法724条前段では「知った時から（主観的起算点から）3年」ですが、人身損害については「知った時から（主観的起算点から）5年」に延長されています（改正民法724条の2）。また現行民法724条後段の20年の「除斥期間」規定について、客観的起算点から「20年」の消滅時効期間とする改正がなされています（改正民法724条2号）。

## 8　法定利率――法定利率の引き下げと変動制の導入

（法定利率）
第404条
1　利息を生ずべき債権について別段の意思表示がないときは、その利率は、その利息が生じた最初の時点における法定利率による。
2　法定利率は、年三パーセントとする。
3　前項の規定にかかわらず、法定利率は、法務省令で定めるところにより、三年を一期とし、一期ごとに、次項の規定により変動するものとする。
4　各期における法定利率は、この項の規定により法定利率に変動があった期のうち直近のもの（以下この項において「直近変動期」という。）における基準割合と当期における基準割合との差に相当する割合（その割合

> に一パーセント未満の端数があるときは、これを切り捨てる。）を直近変動期における法定利率に加算し、又は減算した割合とする。
> 5　前項に規定する「基準割合」とは、法務省令で定めるところにより、各期の初日の属する年の六年前の年の一月から前々年の十二月までの各月における短期貸付けの平均利率（当該各月において銀行が新たに行った貸付け（貸付期間が一年未満のものに限る。）に係る利率の平均をいう。）の合計を六十で除して計算した割合（その割合に〇・一パーセント未満の端数があるときは、これを切り捨てる。）として法務大臣が告示するものをいう。

【現行民法404条】

（法定利率）

第404条

　利息を生ずべき債権について別段の意思表示がないときは、その利率は、年五分とする。

　現行民法404条は民事の法定利率を年５％と定めています。商事法定利率は年６％です（商法514条）。しかし、現在の超低金利の実勢に照らして年５％の法定利率は高すぎるといわれます。

　そこで改正法では、この金利を年３％に引き下げ、今後は３年ごとに市中金利の動向を踏まえて見直すという「変動金利」制を導入するとしています。実勢から乖離した利率を見直すこと、実勢に合わせて金利を定期的に変動させることは一般論としては現実的かつ柔軟な法改正として歓迎されるものと思います。

　もっとも、ほとんどの契約では事業者は予め利息についての約定を設けています（約定利息）。預金では法定利率よりも低い金利が、消費者ローンでは法定利率よりも高い利息が定められています。利率の約束がある場合は、そちらに従うことになります（民法の規定の多くは、契約で別の合意をすればそちらが優先されます〔任意規定〕）。したがって年３％の法定利率が適用される場面は不法行為に基づく損害賠償請求に付される遅延損害金などの場合が中心となります（改正民法419条１項）。

第4節　主な改正点について

この場合、法定利率の引き下げにより、結果として損害賠償額が減少することになります。実勢よりも高いと思われる利率がこれまで損害賠償額を補填する機能を果たしていました。現在の損害賠償法制が被害者救済機能を十分に果たしているか、損害賠償制度の見直しと併せて検討すべき論点であったともいえます。

また利率については任意規定である法定利率の見直しだけではなく、実勢金利から余りにも高い水準の利息あるいは遅延損害金を許容している利息制限法や消費者契約法等の制限利率の引き下げが求められます[20]。

## 9　中間利息控除

（中間利息の控除）
第417条の2
1　将来において取得すべき利益についての損害賠償の額を定める場合において、その利益を取得すべき時までの利息相当額を控除するときは、その損害賠償の請求権が生じた時点における法定利率により、これをする。
2　将来において負担すべき費用についての損害賠償の額を定める場合において、その費用を負担すべき時までの利息相当額を控除するときも、前項と同様とする。

※新設

改正法では「中間利息控除」についての規定が新設されます。「中間利息控除」とは、将来得られる収入について現在価値に割り戻す際に用いる利率のことです。死亡事故などでは、被害者が将来得られたであろう収入など「逸失利益」が損害として認められます。1年後に得られる100万円の収入は、利息を考慮すると、その現在価値は100万円より小さ

---

[20]　利息制限法1条は金銭消費貸借契約について年15〜20％を超える利息の約定を無効としている。遅延損害金は各上限金利の1.46倍まである（同法4条）。消費者契約法9条2号は年14.6％を超える遅延損害金率を無効としている。

くなります。

　現在の判例・実務上、中間利息控除の計算においては年5％の法定利率が用いられています[*21]。つまり損害賠償を受け取った後、年5％で運用することができるという建前になっています。しかし実際には年5％で運用することなど困難です。高い利息で割り戻すと損害賠償額は少なくなります。交通事故死・過労死・犯罪死などにおいて、損害賠償が大きく目減りする年5％の中間利息控除については批判がありました（「生命の値段」といわれることがあります[*22]）。

　改正法では、この中間利息についても法定利息と同様当初は年3％とし、その後は変動制とすることになりました。これにより逸失利益に関する賠償額が増加することとなり被害者保護につながります。他方で、損害保険の保険料が上昇するのではないかという指摘もなされているところです。

## 10　債務不履行法制の整備等──履行請求権・債務不履行による損害賠償・契約の解除・危険負担等

### （1）はじめに

　今般の民法改正において大きく見直しがなされた分野が債務不履行法制です。債権法を中心とした改正作業において債権の効力や債務不履行が存した場合の規律について見直しが検討されることは当然とはいえますが、その改正の多くは、実務的な観点からよりも民法の学説に関わるものとなっております。伝統的に通説とされてきたものを大きく見直すものとなっていることから、学問上は大変重要な改正ですが、実務に如何なる影響を及ぼすのかについては必ずしも明らかではありません。今般の民法改正が実務界や市民から湧き上がったものではなく、民法学者による学理的な関心から行われたのではないかと指摘されることがある

---

[*21]　最判平成17年6月14日参照。
[*22]　二木雄策『交通死──命はあがなえるか』岩波新書参照。

理由ともなっております。

このように債務不履行法制の整備等については学問的には大変重要な改正ですが、生活者・消費者の立場から民法改正の日常生活への影響を述べる本書では、簡単に概説するにとどめることにします（なお解説の便宜上、条文の順序は先後します）。

### (2) 履行請求権の原則と履行不能

> （履行不能）
> 第412条の2
> 1　債務の履行が契約その他の債務の発生原因及び取引上の社会通念に照らして不能であるときは、債権者は、その債務の履行を請求することができない。
> 2　契約に基づく債務の履行がその契約の成立の時に不能であったことは、第四百十五条の規定によりその履行の不能によって生じた損害の賠償を請求することを妨げない。

※新設

債権の効力として「債権者は債務者に対して債務の履行を請求することができる」ことがもっとも基本的な原則となりますが、その旨の原則規定は設けられませんでした。その代わりに履行が「不能」である場合には債務の履行を請求することができないと定めることによって、原則として債務の履行を請求することができることも明らかにされているとされています（改正民法412条の2第1項）。なお債権者は任意の履行がなされない場合には、履行の強制を裁判所に請求することができます（現行民法414条）。

また後述のとおり債務不履行が存した場合の債権者の救済の手段の1つとして損害賠償請求がありますが、契約の成立時に既に不能であったとしても債務不履行に基づく損害賠償請求ができると明文化されました（改正民法412条の2第2項）。この規定は、契約成立時に既に不能（原

始的不能）であったとしても契約の成立は妨げられないことを前提としています（原始的不能であっても契約は成立するという条文は設けられませんでした）。その上で、原始的不能であっても債務不履行に基づく損害賠償請求ができることについては明文化がなされたものです。学問的には「原始的不能ドグマ」を否定したものとなり、後述の「危険負担」や「瑕疵担保責任」等の規定にも論理的に影響を及ぼすことになります。

　なお履行が「不能」か否かについては「契約その他の債務の発生原因及び取引上の社会通念」に照らして判断をするとされています。今般の民法改正が合意重視・契約重視という傾向があると指摘されていることは既に述べました。契約書に記載があるか否かで全てが決定されるのではないか、契約書を押し付けられる契約弱者に不利益が押し付けられるのではないかという懸念も指摘されることがあります。もちろん契約書の記載の有無だけで全てを決するという機械的・形式的なものではなく、契約の性質・目的・経緯などを含めて規範的に判断がなされることにはなりますが、立法者の意思を離れ、条文が一人歩きをして、裁判所が現在以上に契約書の文言の有無や内容だけに拘泥し、形式的・機械的な判断に陥ってしまうのではないかという懸念がないともいえません。他方で、「取引上の社会通念」という概念を持ち出すことについては、主に経済界から法的安定性・予測可能性を奪うのではないかという批判もなされることがあります。契約を押し付けられる立場となることが多い消費者等の立場からは、契約書の文言等に拘泥することなく、契約格差・公平・公序なども併せて考慮されることを「取引上の社会通念」に求めることになると思われますが、この「取引上の社会通念」は契約から導かれた規範を修正することを容認するものではないと解説されることもあります。この「契約その他の当該債権の発生原因及び取引上の社会通念」という文言は債務不履行に基づく損害賠償請求を定めた改正民法415条等でも用いられています。今後、学問的な探求がなされると思われますが、実務上も何らかの影響が生じるかについては注意が必要です。

## （3）債務不履行による損害賠償

> （債務不履行による損害賠償）
> 第415条
> 1　債務者がその債務の本旨に従った履行をしないとき又は債務の履行が不能であるときは、債権者は、これによって生じた損害の賠償を請求することができる。ただし、その債務の不履行が契約その他の債務の発生原因及び取引上の社会通念に照らして債務者の責めに帰することができない事由によるものであるときは、この限りでない。
> 〈2　略〉

【現行民法415条】
　債務者がその債務の本旨に従った履行をしないときは、債権者は、これによって生じた損害の賠償を請求することができる。債務者の責めに帰すべき事由によって履行をすることができなくなったときも、同様とする。

　債権者は債務の不履行があった場合には、債務者に対し損害賠償請求をすることもできます。現行民法415条は「履行をしないとき」（前段）と「履行をすることができなくなったとき」（後段）を区別しているようにも読めるため、改正法案では、本文において「履行をしないとき」と「履行が不能であるとき」を併記して損害賠償請求ができると条文を整備しています。
　その上で、ただし書きにおいて、その債務の不履行が債務者の責めに帰することができない場合には免責されるとすることで、債務者に免責事由の主張・立証責任があることを明らかにしています。
　この免責事由については「故意・過失又は信義則上これと同視すべき事由」と解するのが伝統的通説とされてきましたが（過失責任主義）、改正法案では「契約その他当該債務の発生原因及び取引上の社会通念」に照らして判断するとの文言が付加されていることも踏まえ、「過失責任主義」から脱却したと説明されることもあるようです。この点についても、従来の実務に何らかの影響を及ぼすのか否かは注意する必要があ

### (4) 契約の解除

> （催告による解除）
> 第541条
> 　当事者の一方がその債務を履行しない場合において、相手方が相当の期間を定めてその履行の催告をし、その期間内に履行がないときは、相手方は、契約の解除をすることができる。ただし、その期間を経過した時における債務の不履行がその契約及び取引上の社会通念に照らして軽微であるときは、この限りでない。
>
> （催告によらない解除）
> 第542条
> 1　次に掲げる場合には、債権者は、前条の催告をすることなく、直ちに契約の解除をすることができる。
> 　一　債務の全部の履行が不能であるとき。
> 〈以下、略〉

【現行民法541条】
　当事者の一方がその債務を履行しない場合において、相手方が相当の期間を定めてその履行の催告をし、その期間内に履行がないときは、相手方は、契約の解除をすることができる。

【現行民法543条】
　履行の全部又は一部が不能となったときは、債権者は、契約の解除をすることができる。ただし、その債務の不履行が債務者の責めに帰することができない事由によるものであるときは、この限りでない。

　債権者は債務の履行がないときは契約を解除することもできます。現行民法543条但書は履行不能については、債務者の帰責事由がない場合は解除をすることができないとしていますが、改正法案では、同条を削除することにより、履行不能の場合を含めて、債務者の帰責事由の有無

を問わずに解除をすることができる旨を明らかにしています（過失責任主義からの脱却）。契約解除の制度は債務者に対する責任追及というよりも契約の拘束力から債権者を解放するための制度との理解から債務者の帰責事由を問う必要はないとの説明がなされています。この点は、後述する危険負担制度の見直し等とも関係するところです。

なお、改正法案では軽微な不履行については解除はできないとの規定が明文化されています（改正民法541条但書）。

## （5）危険負担

> 第534条及び第535条を削除する。
>
> （債務者の危険負担等）
> 第536条
> 1　当事者双方の責めに帰することができない事由によって債務を履行することができなくなったときは、債権者は、反対給付の履行を拒むことができる。
> 2　債権者の責めに帰すべき事由によって債務を履行することができなくなったときは、債権者は、反対給付の履行を拒むことができない。この場合において、債務者は、自己の債務を免れたことによって利益を得たときは、これを債権者に償還しなければならない。

【現行民法534条】
1　特定物に関する物権の設定又は移転を双務契約の目的とした場合において、その物が債務者の責めに帰することができない事由によって滅失し、又は損傷したときは、その滅失又は損傷は、債権者の負担に帰する。
〈2　略〉
【現行民法535条】
〈略〉
【現行民法536条】
1　前二条に規定する場合を除き、当事者双方の責めに帰することができない事由によって債務を履行することができなくなったときは、債務者は、反対給付

を受ける権利を有しない。
2 　債権者の責めに帰すべき事由によって債務を履行することができなくなったときは、債務者は、反対給付を受ける権利を失わない。この場合において、自己の債務を免れたことによって利益を得たときは、これを債権者に償還しなければならない。

　現行民法は、債務者の責めによらない後発的不能（契約成立後の不能）の場合には、債務者の反対給付請求権についても消滅することが原則とされています（現行民法536条１項・債務者主義）。
　もっとも特定物売買について現行民法534条は債権者主義（契約成立時に危険は債権者に移転しており、反対給付請求権は消滅しないとする考え方）を条文上は採用していましたが批判が強い規定でした。今般の法改正により現行民法534条（及び現行民法535条）は削除されます。
　その上で、危険負担の効果については、反対給付請求権の「消滅」から「履行を拒絶」することができることに転換がなされています。これは、（原始的）不能の契約であっても成立するという前提を背景に（原始的不能の契約であっても反対給付請求権は発生している）、履行不能についても債務者の帰責事由の有無を問わず契約解除ができるとしたことと整合性を保つための制度変更となります。従来のとおり危険負担の効果が債務消滅とすると、危険負担の主張（反対給付請求権が当然消滅する）と解除の主張（解除権の行使によりはじめて反対給付請求権が消滅する）が併存することが論理的に整合しないとの指摘があったためです。改正法のもとでは債権者が反対給付請求権を消滅させるためには契約を解除する必要があります。
　債権者は反対給付についての履行を原則として拒絶することができますが、履行不能が債権者の帰責事由による場合は履行を拒絶することはできません（改正民法536条２項）。雇用契約において使用者の帰責事由により就労ができない場合の労働者の賃金請求権については改正民法536条２項のもとにおいて保護がなされるとの結論を導くこととなります。

## 11　債権者代位権（改正民法423条〜423条の7）・詐害行為取消権（改正民法424条〜424条の9・425条〜425条の4・426条）

　債権者代位権や詐害行為取消権は債務者が返済能力を欠く場合等に、債権者が債権回収等のために債務者が有する債権に対して行使をすることができる権利ですが、現行法では、債権者代位権については1条、詐害行為取消権については3条しか条文がありません。また破産法における否認権との整合性も問題となっていました。

　そこで、改正法では債権者代位権・詐害行為取消権のルールが整備されました（債権者代位権が7条・詐害行為取消権が14条）。

　大きな改正点となりますが本書での説明は割愛いたします。

## 12　保証債務 —— 個人根保証契約

第二目　個人根保証契約
（個人根保証契約の保証人の責任等）
第465条の2
1　一定の範囲に属する不特定の債務を主たる債務とする保証契約（以下「根保証契約」という。）であって保証人が法人でないもの（以下「個人根保証契約」という。）の保証人は、主たる債務の元本、主たる債務に関する利息、違約金、損害賠償その他その債務に従たる全てのもの及びその保証債務について約定された違約金又は損害賠償の額について、その全部に係る極度額を限度として、その履行をする責任を負う。
2　個人根保証契約は、前項に規定する極度額を定めなければ、その効力を生じない。
3　第446条第2項及び第3項の規定は、個人根保証契約における第1項に規定する極度額の定めについて準用する。

第1章　民法（債権法）の改正

【現行民法465条の2】
（貸金等根保証契約の保証人の責任等）
第465条の2
1　一定の範囲に属する不特定の債務を主たる債務とする保証契約（以下「根保証契約」という。）であってその債務の範囲に金銭の貸渡し又は手形の割引を受けることによって負担する債務（以下「貸金等債務」という。）が含まれるもの（保証人が法人であるものを除く。以下「貸金等根保証契約」という。）の保証人は、主たる債務の元本、主たる債務に関する利息、違約金、損害賠償その他その債務に従たるすべてのもの及びその保証債務について約定された違約金又は損害賠償の額について、その全部に係る極度額を限度として、その履行をする責任を負う。
2　貸金等根保証契約は、前項に規定する極度額を定めなければ、その効力を生じない。
3　第四百四十六条第二項及び第三項の規定は、貸金等根保証契約における第一項に規定する極度額の定めについて準用する。

　今般の民法改正における大きな論点の一つが保証人保護の拡充です。このうち「根保証」は、一定の範囲の複数の債務（追加融資や将来発生する債務などを含む）についても保証人として当然に責任を負わされるという保証契約です。賃貸借における保証契約も保証契約後に発生する将来に渡る賃料や退去時の原状回復義務などについて責任を負うので根保証契約の一種となります。
　現行民法においては、主たる債務に貸金が含まれる根保証契約（貸金等根保証契約）に限って、極度額を定めなければ契約は無効とするなどの規定が設けられています（平成16年民法改正）。
　もっとも極度額の定めのない「青天井」の根保証契約により、保証人が予測困難な過大な責任を負ってしまう危険は、貸金等債務に限られません。
　そこで今般の法改正では、貸金等根保証契約に限らず根保証契約のうち保証人が個人である「個人根保証契約」一般について極度額（上限）

を定めなければ保証契約は無効であるとしました。借家人の自死などに伴う保証人への高額損害賠償請求などの事案において保証人保護のために一定の効果はあると思われます（もっとも「極度額」に制限はありません）。

なお、貸金等根保証契約については元本確定期日（最長5年）や主たる債務者が破産した場合等の元本確定事由の規定が存するのですが（改正民法465条の3・改正民法465条の4第2項）、これらについては個人根保証契約一般には拡大されませんでした。契約更新等について借地借家人への保護が手厚い賃貸借契約の保証への影響が考慮されたためです。借地借家契約において、賃貸借契約は更新により長期間継続する一方で保証契約が元本確定期日等により終了することを認めると、貸主は保証人がいない状態で貸し続けることを強いられること、賃貸借契約終了時の原状回復義務の履行の段階で保証人が欠ける事態となってしまうことは公平ではないとされるのです。

しかしながら、保証人となったことを忘れてしまうほどの長期にわたって保証人としての責任を一方的に負わされ続けることは保証人に酷ですし、借地借家人が破産をするような事態においては保証人にも保証からの離脱の機会が与えられるべきとも考えられます。貸主は敷金を受け取り、また賃料によってそのリスクを転嫁することも可能です（保険制度の活用も考えられます）。賃貸借が3年ないし5年もの間、安定的に継続した場合には、保証人には契約関係からの離脱を認め、以後は賃貸人と賃借人の二者の契約当事者の法律関係において問題を解決すべきではないかと考えます。

第1章 民法（債権法）の改正

## 13 保証債務──事業に係る債務についての保証契約の特則（個人保証の制限）

（公正証書の作成と保証の効力）
第465条の6
1 事業のために負担した貸金等債務を主たる債務とする保証契約又は主たる債務の範囲に事業のために負担する貸金等債務が含まれる根保証契約は、その契約の締結に先立ち、その締結の日前一箇月以内に作成された公正証書で保証人になろうとする者が保証債務を履行する意思を表示していなければ、その効力を生じない。
2 前項の公正証書を作成するには、次に掲げる方式に従わなければならない。
　一 保証人になろうとする者が、次のイ又はロに掲げる契約の区分に応じ、それぞれ当該イ又はロに定める事項を公証人に口授すること。
　　イ 保証契約（ロに掲げるものを除く。）
　　　主たる債務の債権者及び債務者、主たる債務の元本、主たる債務に関は、その債務の全額について履行する意思（保証人になろうとする者が主たる債務者と連帯して債務を負担しようとするものである場合には、債権たる債務者と連帯して債務を負担しようとするものである場合には、債権者が主たる債務者に対して催告をしたかどうか、主たる債務者がその債務を履行することができるかどうか、又は他に保証人があるかどうかにかかわらず、その全額について履行する意思）を有していること。
　　ロ 根保証契約
　　　主たる債務の債権者及び債務者、主たる債務の範囲、根保証契約における極度額、元本確定期日の定めの有無及びその内容並びに主たる債務者がその債務を履行しないときには、極度額の限度において元本確定期日又は第四百六十五条の四第一項各号若しくは第二項各号に掲げる事由その他の元本を確定すべき事由が生ずる時までに生ずべき主たる債務の元本及び主たる債務に関する利息、違約金、損害賠償その他その債務に従たる全てのもの全額について履行する意思（保証人になろうとする者が主たる債務者と連帯して債務を負担しようとする

第4節　主な改正点について

　　ものである場合には、債権者が主たる債務者に対して催告をしたかどうか、主たる債務者がその債務を履行することができるかどうか、又は他に保証人があるかどうかにかかわらず、その全額について履行する意思）を有していること。
　二　公証人が、保証人になろうとする者の口述を筆記し、これを保証人になろうとする者に読み聞かせ、又は閲覧させること。
　三　保証人になろうとする者が、筆記の正確なことを承認した後、署名し、印を押すこと。ただし、保証人になろうとする者が署名することができない場合は、公証人がその事由を付記して、署名に代えることができる。
　四　公証人が、その証書は前三号に掲げる方式に従って作ったものである旨を付記して、これに署名し、印を押すこと。
3　前二項の規定は、保証人になろうとする者が法人である場合には、適用しない。

※新設

（公正証書の作成と保証の効力に関する規定の適用除外）
第465条の9
　前三条の規定は、保証人になろうとする者が次に掲げる者である保証契約については、適用しない。
一　主たる債務者が法人である場合のその理事、取締役、執行役又はこれらに準ずる者
二　主たる債務者が法人である場合の次に掲げる者
　イ　主たる債務者の総株主の議決権（株主総会において決議をすることができる事項の全部につき議決権を行使することができない株式についての議決権を除く。以下この号において同じ。）の過半数を有する者
　ロ　主たる債務者の総株主の議決権の過半数を他の株式会社が有する場合における当該他の株式会社の総株主の議決権の過半数を有する者
　ハ　主たる債務者の総株主の議決権の過半数を他の株式会社及び当該他の株式会社の総株主の議決権の過半数を有する者が有する場合における当該他の株式会社の総株主の議決権の過半数を有する者
　ニ　株式会社以外の法人が主たる債務者である場合におけるイ、ロ又はハ

> に掲げる者に準ずる者
> 三　主たる債務者（法人であるものを除く。以下この号において同じ。）と共同して事業を行う者又は主たる債務者が行う事業に現に従事している主たる債務者の配偶者

※新設

　保証とは、主たる債務者に代わって履行をする責任を負う契約です。知り合いに頼まれて保証人になったり、借金や賃貸借の際に、保証人を立てることを求められたりすることは日常生活において少なくありません。「迷惑をかけないから」と言われ名前だけだと思い保証人になってしまったところ、その後、主たる債務者が支払をせずに、思いがけない保証債務が請求されることがあります。私たちの日常生活では、義理・人情で（ほとんどは無償で）保証人になることが少なくないのですが、保証はトラブルが多い契約です。自殺や多重債務の要因として保証が指摘されることもあります。

　このように「保証被害」が社会問題化しており、法制審議会では保証人の保護を拡充することが検討されてきました。その中でも高額の負担となる事業者向けの融資における第三者個人保証の禁止がその大きな柱でした。もっとも、個人保証の規制を強化すると中小事業者の円滑な資金調達が妨げられるとして個人保証の禁止には金融界のみならず商工団体からも反対の意見が根強くありました。結局、改正法案では、公正証書を作成するという手続を踏むことにより、経営者等以外の第三者でも保証ができるという個人保証の禁止の「例外」が設けられることとなったのです（改正民法465条の6）。

　この公正証書による例外に対しては、法制審議会が議論を重ねてきた個人保証の制限規定を「骨抜き」にするものであるとの批判もあります。また、保証契約そのものも「執行認諾文言付き公正証書」で締結されると、保証人は裁判手続を経ることなく給料・生命保険・売掛金等の差押えを突然受ける可能性があり、執行認諾文言付公正証書作成の危険性を

指摘する声もあります（かつてSFCG〔商工ファンド〕が公正証書を濫用する保証被害が発生しました）。旧態依然としたわが国の公証人法・公証人制度の在り方自体も見直される必要があるでしょう*23。

なお、改正民法464条の6所定の公正証書作成の方式に違反がある場合には保証契約は無効となると解されます。

また、個人事業者の事業に従事する配偶者については公正証書の作成すら不要とされている点も問題です（改正民法465条の9第3号）。配偶者の保証は断ることが困難な情宜的な保証の典型例であり、また配偶者の保証人徴求を推進するかのようなメッセージを改正民法で発信することは21世紀の新しい民法としてふさわしいとは思われません。

金融庁は監督指針において第三者個人保証を原則として徴求しない旨を定めています*24。「経営者保証に関するガイドライン」においては経営者についても可能な限り保証人としない運用が求められています*25。個人保証に依存しない融資慣行の確立に向けた官民挙げた取り組みを民法の規定においても後押しをすることが求められています。個人保証の制限は保証被害の防止の観点のみならず、創業の活性化や企業家の再チャレンジ、円滑な事業承継を促し経済活動に活力を与える観点からも重要です。事業者向け融資については第三者個人保証を端的に禁止する立法の実現が目指されるべきと考えます。

---

*23　日本弁護士連合会「公証人法改正を求める意見書」（2005年2月18日）参照。
*24　金融庁「『主要行等向けの総合的な監督指針』及び『中小・地域金融機関向けの総合的な監督指針』、『金融検査マニュアル』の一部改正《経営者以外の第三者による個人連帯保証等の慣行の見直し等》」（平成23年7月14日）参照。
*25　経営者保証ガイドライン研究会「経営者保証に関するガイドライン」（平成25年12月）参照。

## 14　保証債務──情報提供義務

（契約締結時の情報の提供義務）
第465条の10
1　主たる債務者は、事業のために負担する債務を主たる債務とする保証又は主たる債務の範囲に事業のために負担する債務が含まれる根保証の委託をするときは、委託を受ける者に対し、次に掲げる事項に関する情報を提供しなければならない。
　一　財産及び収支の状況
　二　主たる債務以外に負担している債務の有無並びにその額及び履行状況
　三　主たる債務の担保として他に提供し、又は提供しようとするものがあるときは、その旨及びその内容
2　主たる債務者が前項各号に掲げる事項に関して情報を提供せず、又は事実と異なる情報を提供したために委託を受けた者がその事項について誤認をし、それによって保証契約の申込み又はその承諾の意思表示をした場合において、主たる債務者がその事項に関して情報を提供せず又は事実と異なる情報を提供したことを債権者が知り又は知ることができたときは、保証人は、保証契約を取り消すことができる。
3　前二項の規定は、保証をする者が法人である場合には、適用しない。

※新設

（主たる債務の履行状況に関する情報の提供義務）
第458条の2
　保証人が主たる債務者の委託を受けて保証をした場合において、保証人の請求があったときは、債権者は、保証人に対し、遅滞なく、主たる債務の元本及び主たる債務に関する利息、違約金、損害賠償その他その債務に従たる全てのものについての不履行の有無並びにこれらの残額及びそのうち弁済期が到来しているものの額に関する情報を提供しなければならない。

（主たる債務者が期限の利益を喪失した場合における情報の提供義務）
第458条の3

第4節　主な改正点について

> 1　主たる債務者が期限の利益を有する場合において、その利益を喪失したときは、債権者は、保証人に対し、その利益の喪失を知った時から二箇月以内に、その旨を通知しなければならない。
> 2　前項の期間内に同項の通知をしなかったときは、債権者は、保証人に対し、主たる債務者が期限の利益を喪失した時から同項の通知を現にするまでに生じた遅延損害金（期限の利益を喪失しなかったとしても生ずべきものを除く。）に係る保証債務の履行を請求することができない。
> 3　前二項の規定は、保証人が法人である場合には、適用しない。

※新設

　個人保証の制限以外の保証人保護の拡充の規定として、改正民法は情報提供義務についての規定を新設しています[*26]。
　このうち改正民法465条の10は事業に係る債務についての保証契約（事業者向け融資の個人保証）に関し保証契約締結時の情報提供義務についての規定です。主たる債務者が「迷惑をかけないから」などと述べて保証をさせることがよくありますが、実はその時点で既に主たる債務者は多額の負債を抱えていたり、収支が悪化しており返済能力が無い場合もありえます。
　そこで事業者向け融資において主たる債務者が支払能力などについて誤った情報を保証人に提供し、保証人が誤認をして債権者と保証契約をした場合に、債権者が誤認を知り、又は、誤認を知り得た場合には保証契約を取り消すことができるとの規定が設けることにより、保証人に保証契約から離脱する手段を与えることとしました。
　本来、説明義務・情報提供義務は保証契約の当事者である債権者（ほとんどの場合は事業者です）が、消費者である個人保証人に対して負うことを前提に制度設計をすることが自然であり、主たる債務者に情報提

---

[*26]　審議会では「保証人が個人である場合におけるその責任制限」（過大な保証の禁止〔比例原則・裁判所による責任制限〕）についても検討されたが要綱案には盛り込まれなかった（民法（債権関係）の改正に関する中間試案「第17　保証債務」「6　保証人保護の方策の拡充」「(4)　その他の方策」）。

供義務を課すという制度設計はやや変則的なものと感じられます。この保証人の誤認取消権がどの程度機能するかは今後の実務における運用次第となるでしょう。

また、保証契約締結後、主たる債務者がきちんと履行をしているのかどうか保証人には一切分からない場合があります。保証人の知らない間に、長期間返済が滞り、延滞金が累積してしまっている場合もあり得ます。そこで、保証契約締結後も保証人が債権者に主たる債務者の履行状況についての情報提供を求める権利が認められるとともに（改正民法458条の2）、主たる債務者が延滞をし、期限の利益を喪失した場合には、債権者が保証人に通知する義務が定められました（改正民法458条の3）。この契約締結後の情報提供義務等についての規定は、事業者向け融資の保証に限らず保証契約一般に適用があります。

## 15 債権譲渡

### (1) はじめに

債権譲渡は、私たちの日常生活においてはあまり馴染みがないかもしれません。もっとも消費者ローンやクレジット等を利用していると債権が他の債権回収会社などに譲渡され、その旨の通知が送付されてくることはあります。

債権譲渡の現代的意義は、企業の資金調達のための債権譲渡（担保）にあるとされています。今般の法改正においても債権の流動性を高め、資金調達の円滑を図るための規定が設けられています。例えば、建設工事などでは請負工事代金の債権譲渡を禁止する特約が付される場合が多いですが、改正法では譲渡禁止特約があっても債権譲渡をすること自体は可能であるとし、中小企業の資金調達の円滑を図ることとしました（改正民法466条）。また、将来にわたって継続的に発生する債権（賃料債権や医院の診療報酬債権など）の譲渡について現行民法には規定はありませんでしたが、判例・実務はこれを認めてきました。改正民法は「将来

債権譲渡」の根拠規定を設けました（改正民法466条の6）。
　なお審議会では債権譲渡の第三者対抗要件を登記制度とすることも検討されましたが見送られております[*27]。

## (2) 債権譲渡と債務者の抗弁──異議なき承諾の規定の削除

> （債権の譲渡における債務者の抗弁）
> 第468条
> 　債務者は、対抗要件具備時までに譲渡人に対して生じた事由をもって譲受人に対抗することができる。
> 〈2　略〉

【現行民法468条】
（指名債権の譲渡における債務者の抗弁）
第468条
1　債務者が異議をとどめないで前条の承諾をしたときは、譲渡人に対抗することができた事由があっても、これをもって譲受人に対抗することができない。この場合において、債務者がその債務を消滅させるために譲渡人に払い渡したものがあるときはこれを取り戻し、譲渡人に対して負担した債務があるときはこれを成立しないものとみなすことができる。
〈2　略〉

　債権者は債権を自由に譲渡できますが、債務者はもともとの債権者（譲渡人）に主張できた言い分（抗弁：目的物に欠陥がある、引渡を受けていない、反対債権があるなど）を新しい債権者（譲受人）に主張できます。これを「抗弁の接続」と言います。
　ところが、債権譲渡について債務者が異議を留めないで「承諾」をしてしまうと、この言い分を新しい債権者に主張できなくなる（抗弁が切断される）という規定がありました（現行民法468条1項）。

---

[*27]　民法（債権関係）の改正に関する中間試案「第18　債権譲渡」「2　対抗要件制度（民法第467条関係）」。

悪質商法により発生した債権が債権回収会社に譲渡され、消費者に請求がなされる場合などで、この「異議なき承諾」「抗弁の切断」の制度が悪用される場合がありました。債務者にしてみると、単に「承諾」をしたことで「抗弁権」が失われるという重大な効果が生じるとは考えていないはずです。

改正法では、この「異議なき承諾」の制度が廃止されることとなりました。この改正は消費者保護の観点からは評価することができます。

## 16 契約自由の原則

> （契約の締結及び内容の自由）
> 第521条
> 1 何人も、法令に特別の定めがある場合を除き、契約をするかどうかを自由に決定することができる。
> 2 契約の当事者は、法令の制限内において、契約の内容を自由に決定することができる。
>
> （契約の成立と方式）
> 第522条
> 1 契約は、契約の内容を示してその締結を申し入れる意思表示（以下「申込み」という。）に対して相手方が承諾をしたときに成立する。
> 2 契約の成立には、法令に特別の定めがある場合を除き、書面の作成その他の方式を具備することを要しない。

※新設

近代社会では、対等な当事者が、自由な意思決定・自己決定により、契約を締結して、お互いの権利・義務関係を定めることができます。契約をするか否か、誰と契約をするか、どのような内容の契約をするか、どのような方法で契約をするのかというのも原則として当事者の自由に

## 第4節　主な改正点について

なります。これを「契約自由の原則」と言います。

　契約自由の原則は、民法の基本的なルールですが、現行法には規定がありませんでした。改正法では、契約自由の原則についての規定が設けられることになりました。

　もっとも、消費者契約や労働契約のように、当事者間に格差がある契約において、契約自由の原則を徹底すると、強い側が一方的に自己に有利な条項を並べ立てることができ、実質的には不公平となります。そこで、消費者契約法や労働契約法・労働基準法などの特別法で、弱者保護（消費者保護・労働者保護）が図られています。そこで、改正法では、契約自由の原則もあくまで「法令の制限内」で認められるものであることが注意喚起されています。

　そして信義則や公序良俗規定なども契約の自由を制限する「法令」となります。後述の「約款」ルール（特に不当条項規制）についても、契約の自由を制限する「法令」と位置づけることもできると考えます。契約自由の原則は全くの自由放任・弱肉強食のルールではなく、正義・公平・信義・公序のもとではじめて認められるルールであることは再確認される必要があります[*28]。

　なお、「契約」は「申込」と「承諾」により成立します。契約が成立すると「拘束力」が生じ、契約で定められた権利を有し、義務を負うことになります。改正法では契約が「申込」と「承諾」により成立するという原則についても明文の規定が設けられています（改正民法522条1項）。

　契約の基本原則等については、他にも「付随義務及び保護義務」の規定や「信義則等の適用に当たっての考慮要素」（本書17頁参照）、「契約交渉の不当破棄」、「契約締結過程における情報提供義務」等の各規定を設けることが検討されましたが明文化は見送られました。情報提供義務については消費者契約法において法的義務として明文化がなされることが強

---

[*28]　ヨーロッパ契約法原則「1：102条 契約の自由（1）」は「当事者は、自由に契約を締結し、その内容を決定することができる。ただし、信義誠実および公正取引、ならびに本原則の定める強行規定に従わねばならない」としている。

第1章　民法（債権法）の改正

く求められます（本書81頁、115頁参照）[*29]。

## 17　定型約款

> 第五款　定型約款
> （定型約款の合意）
> 第548条の2
> 1　定型取引（ある特定の者が不特定多数の者を相手方として行う取引であって、その内容の全部又は一部が画一的であることがその双方にとって合理的なものをいう。以下同じ。）を行うことの合意（次条において「定型取引合意」という。）をした者は、次に掲げる場合には、定型約款（定型取引において、契約の内容とすることを目的としてその特定の者により準備された条項の総体をいう。以下同じ。）の個別の条項についても合意をしたものとみなす。
> 　一　定型約款を契約の内容とする旨の合意をしたとき。
> 　二　定型約款を準備した者（以下「定型約款準備者」という。）があらかじめその定型約款を契約の内容とする旨を相手方に表示していたとき。
> 2　前項の規定にかかわらず、同項の条項のうち、相手方の権利を制限し、又は相手方の義務を加重する条項であって、その定型取引の態様及びその実情並びに取引上の社会通念に照らして第一条第二項に規定する基本原則に反して相手方の利益を一方的に害すると認められるものについては、合意をしなかったものとみなす。
>
> （定型約款の内容の表示）
> 第548条の3
> 1　定型取引を行い、又は行おうとする定型約款準備者は、定型取引合意の前又は定型取引合意の後相当の期間内に相手方から請求があった場合

---

[*29]　消費者契約法3条1項は「事業者は……消費者契約の締結について勧誘をするに際しては、消費者の理解を深めるために、消費者の権利義務その他の消費者契約の内容についての必要な情報を提供するよう努めなければならない」と情報提供義務を「努力義務」に留めている。

には、遅滞なく、相当な方法でその定型約款の内容を示さなければならない。ただし、定型約款準備者が既に相手方に対して定型約款を記載した書面を交付し、又はこれを記録した電磁的記録を提供していたときは、この限りでない。
2　定型約款準備者が定型取引合意の前において前項の請求を拒んだときは、前条の規定は、適用しない。ただし、一時的な通信障害が発生した場合その他正当な事由がある場合は、この限りでない。

（定型約款の変更）
第548条の4
1　定型約款準備者は、次に掲げる場合には、定型約款の変更をすることにより、変更後の定型約款の条項について合意があったものとみなし、個別に相手方と合意をすることなく契約の内容を変更することができる。
　一　定型約款の変更が、相手方の一般の利益に適合するとき。
　二　定型約款の変更が、契約をした目的に反せず、かつ、変更の必要性、変更後の内容の相当性、この条の規定により定型約款の変更をすることがある旨の定めの有無及びその内容その他の変更に係る事情に照らして合理的なものであるとき。
2　定型約款準備者は、前項の規定による定型約款の変更をするときは、その効力発生時期を定め、かつ、定型約款を変更する旨及び変更後の定型約款の内容並びにその効力発生時期をインターネットの利用その他の適切な方法により周知しなければならない。
3　第一項第二号の規定による定型約款の変更は、前項の効力発生時期が到来するまでに同項の規定による周知をしなければ、その効力を生じない。
4　第五百四十八条の二第二項の規定は、第一項の規定による定型約款の変更については、適用しない。

【参考：改正消費者契約法8条～10条】
（事業者の損害賠償の責任を免除する条項の無効）
第8条
　次に掲げる消費者契約の条項は、無効とする。
　一　事業者の債務不履行により消費者に生じた損害を賠償する責任の全部を免

除する条項
二　事業者の債務不履行（当該事業者、その代表者又はその使用する者の故意又は重大な過失によるものに限る。）により消費者に生じた損害を賠償する責任の一部を免除する条項
三　消費者契約における事業者の債務の履行に際してされた当該事業者の不法行為により消費者に生じた損害を賠償する責任の全部を免除する条項
四　消費者契約における事業者の債務の履行に際してされた当該事業者の不法行為（当該事業者、その代表者又はその使用する者の故意又は重大な過失によるものに限る。）により消費者に生じた損害を賠償する責任の一部を免除する条項
五　消費者契約が有償契約である場合において、当該消費者契約の目的物に隠れた瑕疵があるとき（当該消費者契約が請負契約である場合には、当該消費者契約の仕事の目的物に瑕疵があるとき。次項において同じ。）に、当該瑕疵により消費者に生じた損害を賠償する事業者の責任の全部を免除する条項
2　前項第五号に掲げる条項については、次に掲げる場合に該当するときは、同項の規定は、適用しない。
一　当該消費者契約において、当該消費者契約の目的物に隠れた瑕疵があるときに、当該事業者が瑕疵のない物をもってこれに代える責任又は当該瑕疵を修補する責任を負うこととされている場合
二　当該消費者と当該事業者の委託を受けた他の事業者との間の契約又は当該事業者と他の事業者との間の当該消費者のためにする契約で、当該消費者契約の締結に先立って又はこれと同時に締結されたものにおいて、当該消費者契約の目的物に隠れた瑕疵があるときに、当該他の事業者が、当該瑕疵により当該消費者に生じた損害を賠償する責任の全部若しくは一部を負い、瑕疵のない物をもってこれに代える責任を負い、又は当該瑕疵を修補する責任を負うこととされている場合

（消費者の解除権を放棄させる条項の無効）
第8条の2
次に掲げる消費者契約の条項は、無効とする。
一　事業者の債務不履行により生じた消費者の解除権を放棄させる条項
二　消費者契約が有償契約である場合において、当該消費者契約の目的物に隠れた瑕疵があること（当該消費者契約が請負契約である場合には、当該消

第4節　主な改正点について

費者契約の仕事の目的物に瑕疵があること）により生じた消費者の解除権を放棄させる条項

（消費者が支払う損害賠償の額を予定する条項等の無効）
第9条
　次の各号に掲げる消費者契約の条項は、当該各号に定める部分について、無効とする。
　一　当該消費者契約の解除に伴う損害賠償の額を予定し、又は違約金を定める条項であって、これらを合算した額が、当該条項において設定された解除の事由、時期等の区分に応じ、当該消費者契約と同種の消費者契約の解除に伴い当該事業者に生ずべき平均的な損害の額を超えるもの　当該超える部分
　二　当該消費者契約に基づき支払うべき金銭の全部又は一部を消費者が支払期日（支払回数が二以上である場合には、それぞれの支払期日。以下この号において同じ。）までに支払わない場合における損害賠償の額を予定し、又は違約金を定める条項であって、これらを合算した額が、支払期日の翌日からその支払をする日までの期間について、その日数に応じ、当該支払期日に支払うべき額から当該支払期日に支払うべき額のうち既に支払われた額を控除した額に年十四・六パーセントの割合を乗じて計算した額を超えるもの　当該超える部分

（消費者の利益を一方的に害する条項の無効）
第10条
　消費者の不作為をもって当該消費者が新たな消費者契約の申込み又はその承諾の意思表示をしたものとみなす条項その他の法令中の公の秩序に関しない規定の適用による場合に比して消費者の権利を制限し又は消費者の義務を加重する消費者契約の条項であって、民法第一条第二項に規定する基本原則に反して消費者の利益を一方的に害するものは、無効とする。


## （1）日常生活に深い関わりのある「約款」

　私たちは日常生活において、知らず知らずのうちに「約款」を用いた契約を締結させられています。インターネット取引の際に、約款をよく読まずに「同意」ボタンをクリックすることはよくあると思います。保険に加入する際にも分厚い約款集を渡されても読まないことが多いと思

います。電車・バス・飛行機など公共交通機関においても運送約款が用いられています。

このように現代社会における取引では「約款」が多く用いられていますが、民法にはその規定がありません。そもそも読みもしない、細かい、分厚い約款になぜ拘束されるのか、どのような内容の約款でも許されるのか、約款は一方的に使用者が変更できるのかなどという問題についても民法上の手掛かりはありませんでした。

そこで民法に「約款」をめぐる基本的なルールを設けることが検討されてきましたが、経済界の強硬な反対があり、審議会の最終回まで議論が続きました。最終的には立法化に合意形成がなされました。

### (2)「定型約款」の定義

改正法案では、規律の対象となる約款を「定型約款」と定義しています。「定型約款」とは「定型取引において、契約の内容とすることを目的としてその特定の者により準備された条項の総体をいう」と定義されています（改正民法548条の2第1項）[*30]。

「定型約款」の定義は複雑ですが、このような複雑な定義により労働契約における「就業規則」や事業者間取引に用いられている契約書の「ひな形」が対象から外れるとされています（このことを経済界が要望していました）。もっとも「ひな形」をそのまま不特定多数の者との取引に用いる場合はなお定型約款に該当する場合があり得ます。私たちが日常接する保険やインターネット取引などの細かい規定集などは「定型約款」に該当します。

### (3)「定型約款」に拘束される場合（組み入れ要件・みなし合意）

私たちが読んだこともない、押しつけられた分厚い「定型約款」に従

---

[*30]「定型取引」とは「ある特定の者が不特定多数の者を相手方として行う取引であって、その内容の全部又は一部が画一的であることがその双方にとって合理的なものをいう」とされている。

わなければならない（拘束される）要件について、改正民法548条の2は「定型約款を契約の内容とする旨の合意をしたとき」（1号）、「定型約款を準備した者（以下「定型約款準備者」という）があらかじめその定型約款を契約の内容とする旨を相手方に表示していたとき」（2号）と定めています。

取引過程において「定型約款を契約の内容とする」との表示がなされている場合には、定型約款の個別の条項についても合意をしたものとみなされ（みなし合意）、これらに拘束されることになります[*31]。

### (4) 不当条項規制

定型約款には知らない間に定型約款準備者により、一方的に不利益な条項が紛れ込まされている場合があり得ます。また、定型約款を用いる多くの取引では、定型約款準備者から示された定型約款に応じるよう一方的に求められることとなり、相手方が定型約款の個別の条項の改正を求めることは現実的には困難です（取引をしてもらえなくなります）。このような定型約款を用いる取引では、定型約款を「丸呑み」させられる構造があります。

そこで定型約款において相手方に一方的に不利益な条項等については、これを規制して排除する規定が必要になります。

改正民法548条の2第2項では「相手方の権利を制限し、又は相手方の義務を加重する条項であって、その定型取引の態様及びその実情並びに取引上の社会通念に照らして第一条第二項に規定する基本原則に反して相手方の利益を一方的に害すると認められるものについては、合意をしなかったものとみなす」とされました。「合意をしなかったものとみなす」というのは不当条項に拘束力がそもそも生じていない（合意になっていない）とするものです。

---

[*31] 旅客運送など取引の公共性が高いものについては「民法の一部を改正する法律の施行に伴う関係法律の整備等に関する法律案」において定型約款を契約の内容とする旨を一般に「公表」していれば足りるとされている。

合意（契約）として成立はしているが無効であるとする消費者契約法の不当条項規制（同法8～10条）とは異なる法律構成を採用しています。

消費者契約における不当条項はこれまでも消費者契約法により無効とされてきました。今後は、事業者間取引であっても定型約款を用いた取引においては不当条項の拘束力が否定される場合があることになります。フランチャイズ契約等において不当条項の効力が否定される場合があるかもしれませんし、小規模事業者をターゲットとする悪質商法被害の救済に資する場合があるかもしれません。

### (5) 定型約款の開示義務

定型約款を契約の内容とするとの表示がなされていても、いかなる定型約款なのか個別・具体的に確認をしたいとする相手方に対しては定型約款の内容そのものが実際に開示されなければ、拘束力を認めるわけにはいきません。

そこで定型約款準備者は、定型取引合意の前又は定型取引合意の後相当の期間内に相手方から請求があった場合には、遅滞なく、相当な方法でその定型約款の内容を示さなければならないと規定されました（改正民法548条の3第1項）。

そして相手方が定型取引合意の前に開示請求をした場合において、定型約款準備者がこれを拒んだときは、定型約款の拘束力（みなし合意の効力）は生じないとされました（改正民法548条の3第2項）。

### (6) 約款の変更

定型約款は不特定多数の相手方と画一的な取引をする場合に用いられますが、取引開始後の商品サービス内容の見直し等に伴い定型約款における個別の条項の内容を改訂・変更する必要が生じる場合もあり得ます。この場合に契約者是認と個別に変更の合意を取り付けることは事実上困難です。相手方の個別の合意を得ることなく、一律に定型約款の内容を変更することが必要となる場合は確かにあるでしょう。特に相手方にと

って利益となる変更についてはこれを否定する必要はないでしょう。

　もっとも、一度定まった契約・合意の内容を、定型約款準備者が自分に都合の良いように一方的に変更することを認めることも問題です。そもそも契約の変更はあくまで契約当事者双方の合意によることが民法上の原則でもあります。

　そこで改正民法548条の4第1項では「定型約款の変更が、相手方の一般の利益に適合するとき」（1号）、「定型約款の変更が、契約をした目的に反せず、かつ、変更の必要性、変更後の内容の相当性、この条の規定により定型約款の変更をすることがある旨の定めの有無及びその内容その他の変更に係る事情に照らして合理的なものであるとき」（2号）には個別に相手方と合意をすることなく契約の内容を変更することができると定めました。なお変更の内容はインターネット等で周知することが求められています（改正民法548条の2第2項）。

### (7)「定型約款」の明文化の意義

　このように「定型約款」の基本的なルールが民法に設けられたことは、これまで約款規制法を持たなかったわが国にとって画期的といえます。前述のとおり報道でも「消費者保護へカジ」などと大きく取り上げられています（本書18頁以下参照）。しかし、不当条項については既に消費者契約法による規制がありますし、定型約款の規律の多くは、定型約款に拘束力に明文上の根拠を与え、またこれを一方的に変更ができることを認めるという定型約款を利用する側のための法整備であったともいえます。

　法制審議会の当初には、具体的な不当条項のリストを設けることも検討されましたが、立法化は困難とのことで見送られました。今後は消費者契約法の実体法の改正において不当条項規制の拡充が求められます[32]。

---

＊32　平成28年消費者契約法改正では不当条項規制として新たに「解除権の放棄」（8条の2）、「意思表示の擬制」（10条）が設けられたがリスト化については今後の検討課題とされている（本書95頁以下参照）。

第1章　民法（債権法）の改正

## 18　売買──「瑕疵担保責任」制度の大幅な見直し

（買主の追完請求権）
第562条
1　引き渡された目的物が種類、品質又は数量に関して契約の内容に適合しないものであるときは、買主は、売主に対し、目的物の修補、代替物の引渡し又は不足分の引渡しによる履行の追完を請求することができる。ただし、売主は、買主に不相当な負担を課するものでないときは、買主が請求した方法と異なる方法による履行の追完をすることができる。
2　前項の不適合が買主の責めに帰すべき事由によるものであるときは、買主は、同項の規定による履行の追完の請求をすることができない。

（買主の代金減額請求権）
第563条
1　前条第一項本文に規定する場合において、買主が相当の期間を定めて履行の追完の催告をし、その期間内に履行の追完がないときは、買主は、その不適合の程度に応じて代金の減額を請求することができる。
〈2以下　略〉

（買主の損害賠償請求及び解除権の行使）
第564条
　前二条の規定は、第四百十五条の規定による損害賠償の請求並びに第五百四十一条及び第五百四十二条の規定による解除権の行使を妨げない。

（目的物の種類又は品質に関する担保責任の期間の制限）
第566条
　売主が種類又は品質に関して契約の内容に適合しない目的物を買主に引き渡した場合において、買主がその不適合を知った時から一年以内にその旨を売主に通知しないときは、買主は、その不適合を理由として、履行の追完の請求、代金の減額の請求、損害賠償の請求及び契約の解除をすることができない。ただし、売主が引渡しの時にその不適合を知り、又は重大な過失によって知らなかったときは、この限りでない。

## 第4節 主な改正点について

【現行民法570条】
（売主の瑕疵担保責任）
第570条
　売買の目的物に隠れた瑕疵があったときは、第五百六十六条の規定を準用する。ただし、強制競売の場合は、この限りでない。
（地上権等がある場合等における売主の担保責任）
第566条
1　売買の目的物が地上権、永小作権、地役権、留置権又は質権の目的である場合において、買主がこれを知らず、かつ、そのために契約をした目的を達することができないときは、買主は、契約の解除をすることができる。この場合において、契約の解除をすることができないときは、損害賠償の請求のみをすることができる。
〈2　略〉
3　前二項の場合において、契約の解除又は損害賠償の請求は、買主が事実を知った時から一年以内にしなければならない。

　これまで売買の対象となった目的物に欠陥があった場合には、買主は売主に対して「瑕疵担保責任」を追及することができるとされてきました。具体的には、契約の目的を達することができない場合は解除を、それ以外の場合に損害賠償請求のみをすることができるとされていました。売買の対象となった住宅に瑕疵（欠陥）があった場合などにおいて、この瑕疵担保責任の規定が用いられてきました。瑕疵担保責任の権利行使の期間制限は１年とされています。

　この「瑕疵担保責任」については、その考え方をめぐって学説上争いがありました。それにより、売主は瑕疵のある目的物を交付した場合でも目的物の引渡義務を果たしたことになるのか、買主は解除や損害賠償請求だけではなく、売主に対して瑕疵のない目的物の引渡をあくまで請求したり、目的物の修理・修補を請求することができるのか、損害賠償の範囲は代金減額的なものに留まるのか、一般の債務不履行に基づく責任追及はできるのかなどが問題となっていました。

　今回の改正では、この学説上の争いに一応の決着がつくことになりま

した(特定物ドグマ・法定責任説の否定)。それに併せて売主の義務・買主の権利についての規定も整理されることになりました。具体的には、買主に追完請求権が認められ、目的物に瑕疵があれば修理等を求めることができることが明らかにされました(改正民法562条)。また、一般の債務不履行に基づく解除・損害賠償請求もできることも明らかにされました(改正民法564条)。

「瑕疵(かし)」という言葉が一般的には理解しにくいのではないかとの理由から、種類・品質について契約の内容に適合しない場合(契約不適合)と表現されることになりました。もっとも「瑕疵」という言葉は存外に社会に広まっており、定着をしていたのかもしれません(「住宅かし保険」などの商品もあります)。

契約不適合を知った買主の権利行使の期間制限は1年のままですが、買主は1年以内にその旨を売主に通知をすれば足ります(あとは「主観5年」「客観10年」の消滅時効一般のルールによります)。売主が悪意(瑕疵を知っていた)・重過失(知らなかったことに重大な落ち度があった)の場合は1年の期間制限はかかりません(改正民法566条)。

## 19 消費貸借 ──「諾成的消費貸借」の明文化等

> ※587条は現行法どおり
>
> (書面でする消費貸借等)
> 第587の2
> 1 前条の規定にかかわらず、書面でする消費貸借は、当事者の一方が金銭その他の物を引き渡すことを約し、相手方がその受け取った物と種類、品質及び数量の同じ物をもって返還をすることを約することによって、その効力を生ずる。
> 2 書面でする消費貸借の借主は、貸主から金銭その他の物を受け取るまで、契約の解除をすることができる。この場合において、貸主は、その契約の解除によって損害を受けたときは、借主に対し、その賠償を請求する

> ことができる。
> 〈3　略〉
> 4　消費貸借がその内容を記録した電磁的記録によってされたときは、その消費貸借は、書面によってされたものとみなして、前三項の規定を適用する。
>
> （利息）
> 第589条
> 1　貸主は、特約がなければ、借主に対して利息を請求することができない。
> 2　前項の特約があるときは、貸主は、借主が金銭その他の物を受け取った日以後の利息を請求することができる。
>
> （返還の時期）
> 第591条
> 〈1　略〉
> 2　借主は、返還の時期の定めの有無にかかわらず、いつでも返還をすることができる。
> 3　当事者が返還の時期を定めた場合において、貸主は、借主がその時期の前に返還をしたことによって損害を受けたときは、借主に対し、その賠償を請求することができる。

【現行民法587条・591条】
（消費貸借）
第587条
　消費貸借は、当事者の一方が種類、品質及び数量の同じ物をもって返還をすることを約して相手方から金銭その他の物を受け取ることによって、その効力を生ずる。
第591条
〈1　略〉
2　借主は、いつでも返還をすることができる。

　お金の貸し借りの契約を（金銭）消費貸借契約といいます。消費貸借契約は、お金を実際に借主に渡すことで成立しますが（現行民法591条

〔要物契約〕）、改正法では書面（ネットも可）により、例えば貸主が何月何日に100万円貸しますと約束し、借主が何月何日時に100万円返します、という約束をするだけでも成立する（諾成契約）ことも認められました（改正民法587条の2）。この場合、貸主には100万円を「貸す義務」が生じます。

　また、借主がお金を受け取る前に借りることを取りやめた場合（解除した場合）、お金を貸す準備をしていた貸主に損害がある場合には借主は（お金を借りてもいないのに）損害賠償責任を負うという規定も設けられました（改正民法587条の2第2項）。お金を借りる必要の無い人に高利貸しなどが押し貸しすることなどに悪用される懸念があり、問題のある規定です。

　また、お金の貸し借りについては、事業者が貸す場合は「利息」が付されることが通常ですが、現行法には利息の規定がありませんでした。そこで、改正民法589条では利息の特約をした場合に初めて利息は発生すること、実際にお金を渡した時からしか利息は発生しないことを条文として明らかにしています。

　ところで、住宅ローンなどにおいて借主は期限前弁済（繰上返済）をすることがありますが、その場合に手数料が生じる場合もあります。貸主からすると期限までの利息を取れたはずなのに早く返還されることにより利息が得られないことにもなります。もっとも貸主は早く返してもらうことにより、借主より今後返済してもらえなくなる心配（信用リスク）はなくなりますし、そのお金を他に貸して運用することができます。従って期限前弁済がなされたからといって貸主に損害があるとはいえないとも考えられます。

　このように期限前弁済の際に貸主の損害を借主が賠償する責任があるのかについて議論がありますが、改正民法591条3項では、貸主が期限前弁済により損害を受けた時は損害賠償を請求することができると定めています。この規定も高利貸金業者などに悪用されないか大変心配です。

　諾成的消費貸借と解除に伴う損害賠償責任の明文化、期限前弁済と損

害賠償責任の明文化は、冒頭に述べたとおり、今般の民法改正が「合意重視」の傾向を帯びていることの具体化ともいえます。

## 20 賃貸借——敷金と原状回復義務

> 第622条の2
> 1　賃貸人は、敷金（いかなる名目によるかを問わず、賃料債務その他の賃貸借に基づいて生ずる賃借人の賃貸人に対する金銭の給付を目的とする債務を担保する目的で、賃借人が賃貸人に交付する金銭をいう。以下この条において同じ。）を受け取っている場合において、次に掲げるときは、賃借人に対し、その受け取った敷金の額から賃貸借に基づいて生じた賃借人の賃貸人に対する金銭の給付を目的とする債務の額を控除した残額を返還しなければならない。
> 一　賃貸借が終了し、かつ、賃貸物の返還を受けたとき。
> 二　賃借人が適法に賃借権を譲り渡したとき。
> 2　賃貸人は、賃借人が賃貸借に基づいて生じた金銭の給付を目的とする債務を履行しないときは、敷金をその債務の弁済に充てることができる。この場合において、賃借人は、賃貸人に対し、敷金をその債務の弁済に充てることを請求することができない。
>
> （賃借人の原状回復義務）
> 第621条
> 　賃借人は、賃借物を受け取った後にこれに生じた損傷（通常の使用及び収益によって生じた賃借物の損耗並びに賃借物の経年変化を除く。以下この条において同じ。）がある場合において、賃貸借が終了したときは、その損傷を原状に復する義務を負う。ただし、その損傷が賃借人の責めに帰することができない事由によるものであるときは、この限りでない。

※新設

建物などの賃貸借契約では契約時に「敷金」を家主に渡すことが慣例として広く行われています。ところがこの「敷金」について現行法には規定がありませんでした。改正法では、敷金は明け渡し後に返還請求できること、家主は未払賃料や損害賠償があれば控除できること、残額は借主に全額返還しなければならないことをルールとして明らかにしました（改正民法622条の2）。

ところで、明け渡し時の原状回復の際に、賃借人が回復すべき損傷の範囲について問題になります。軽微な傷や汚れなどを理由に敷金から引かれることがままありますが、通常の使用により生じた損耗や経年劣化については、毎月の賃料がそれを補っていると考えられており、通常損耗・経年劣化を敷金から差し引くことは認められないと考えられてきました。改正法では、このようなルールも明文化しました（改正民法621条）。

## 21　請負──瑕疵担保責任の規定の整理等

現行民法634条・635条・638条は削除

【現行民法634条・635条・638条】
（請負人の担保責任）
第634条
1　仕事の目的物に瑕疵があるときは、注文者は、請負人に対し、相当の期間を定めて、その瑕疵の修補を請求することができる。ただし、瑕疵が重要でない場合において、その修補に過分の費用を要するときは、この限りでない。
2　注文者は、瑕疵の修補に代えて、又はその修補とともに、損害賠償の請求をすることができる。この場合においては、第五百三十三条の規定を準用する。
第635条
　仕事の目的物に瑕疵があり、そのために契約をした目的を達することができないときは、注文者は、契約の解除をすることができる。ただし、建物その他の土地の工作物については、この限りでない。
（請負人の担保責任の存続期間）

## 第4節　主な改正点について

第638条
1　建物その他の土地の工作物の請負人は、その工作物又は地盤の瑕疵について、引渡しの後五年間その担保の責任を負う。ただし、この期間は、石造、土造、れんが造、コンクリート造、金属造その他これらに類する構造の工作物については、十年とする。
2　工作物が前項の瑕疵によって滅失し、又は損傷したときは、注文者は、その滅失又は損傷の時から一年以内に、第六百三十四条の規定による権利を行使しなければならない。

　請負契約は、建物の建築やプログラムの製作などを注文する契約です。請負についても建築された建物に欠陥がある場合などにおいては瑕疵担保責任が問題となりますが、改正民法のもとでは、売買契約の場合と同様に、種類・品質が契約の内容に適合しない時は、注文者は、追完・修補請求、代金（報酬）減額、解除、損害賠償請求ができます。これらについても期間制限は原則1年です。売買の項で述べたとおり（本書64頁）、今般の改正では売買契約における瑕疵担保責任が契約責任化・債務不履行責任化されたことに伴い、請負の瑕疵担保責任の規定が削除され、請負契約についても売買契約における瑕疵担保責任の規定が準用されることとなりました（民法559条本文[*33]）。

　ところで、現行民法635条は建物その他土地の工作物について瑕疵がある場合でも解除はできないと定めています。これは建物や工作物などはせっかく建築したのに、これを解除して取り壊しをすることは社会的に損失であると昔は考えられていたからです。しかし、欠陥のある建物を残しておくことも社会的な負担となりすし、立法当時の明治時代と異なり、現代では建物の解体や再築も必ずしも困難ではありません。そこで、この解除制限規定は削除されることになりました。

　他方で、土地・建物などの欠陥は専門的な検査・判断が必要であり、1年という担保責任の期間制限は注文者に厳しすぎるとして、現行民法では5年ないし10年にこれを延長する規定がありました（現行民法638

---

[*33]　この節の規定は、売買以外の有償契約について準用する……（民法559条本文）。

条)。改正法ではこの期間制限の特則が削除されます。しかしながら欠陥住宅や土地の瑕疵の責任追及は決して容易ではないことから、現行民法638条の規定の削除には疑問があります。なお、「住宅瑕疵担保履行法[34]」により新築住宅の重要部分の瑕疵に関わる担保責任は特別に10年間とされています。

---

[34] なお同法の名称においても「瑕疵」との文言が用いられている。

# 第5節 小　括

　今般の民法改正における改正項目は多岐に及びますが、主に私たちの市民生活あるいは消費者保護に関連する改正点を中心に改正法案を概観してきました。施行は公布から3年となりますが、施行日前後を通じて新法・旧法のいずれが適用されるかなどについても今後注意を要します。

　今般の改正では、民法のビジネスルール化が指向されたのではないかとの指摘があることは既に述べました。また、改正法の中には生活者・消費者に不利益を及ぼすのではないかと懸念される条項もあります。仮にそうであるならば、消費者契約法等の消費者保護法の拡充による手当等も合わせて行われる必要があります。

　悪質事業者は常に「契約書」と「自己責任」を楯にします。当事者の対等・契約自由・自己責任を基本とする民法は、ときに契約弱者である生活者・消費者に立ちはだかります。民法改正が実現し施行された際には、それに伴う弊害が生じていないかを注視する必要があるでしょう[*35]。また、次の章で概説いたしますとおり、平成28年消費者契約法実体法改正は決して十分な内容ではありません。今後、更なる消費者契約法実体法規定（不当勧誘規制・不当条項規制）の拡充が求められます。

---

*35　なお今後、改正民法法案については間もなく国会における審議が行われる。大部となる法案ではあるが、民法は国民生活の基盤に関わる重要な法律であり立法府においても国民の立場から実質的な審議が求められる。そして生活者・消費者の視点からは、現代型暴利行為や相手方惹起錯誤の明文化・消滅時効期間の短縮化の見直し・個人保証の禁止の徹底等保証人保護規定の更なる拡充・消費貸借における借主の損害賠償規定の削除などが実現されるべきである。

# 第 2 章
# 消費者契約法（実体法）の改正について

# 第1節　消費者契約法について

【消費者契約法の目次】

【消費者契約法（平成十二年五月十二日法律第六十一号）】
第一章　総則（第一条―第三条）
第二章　消費者契約
　第一節　消費者契約の申込み又はその承諾の意思表示の取消し（第四条―第七条）
　第二節　消費者契約の条項の無効（第八条―第十条）
　第三節　補則（第十一条）
第三章　差止請求
　第一節　差止請求権（第十二条・第十二条の二）
　第二節　適格消費者団体
　　第一款　適格消費者団体の認定等（第十三条―第二十二条）
　　第二款　差止請求関係業務等（第二十三条―第二十九条）
　　第三款　監督（第三十条―第三十五条）
　　第四款　補則（第三十六条―第四十条）
　第三節　訴訟手続等の特例（第四十一条―第四十七条）
第四章　雑則（第四十八条・第四十八条の二）
第五章　罰則（第四十九条―第五十三条）

## 第2章 消費者契約法（実体法）の改正について

消費者契約法1条は目的として次のとおり定めています。

> （目的）
> 第1条
> 　この法律は、消費者と事業者との間の情報の質及び量並びに交渉力の格差に鑑み、事業者の一定の行為により消費者が誤認し、又は困惑した場合等について契約の申込み又はその承諾の意思表示を取り消すことができることとするとともに、事業者の損害賠償の責任を免除する条項その他の消費者の利益を不当に害することとなる条項の全部又は一部を無効とするほか、消費者の被害の発生又は拡大を防止するため適格消費者団体が事業者等に対し差止請求をすることができることとすることにより、消費者の利益の擁護を図り、もって国民生活の安定向上と国民経済の健全な発展に寄与することを目的とする。

　第1章で述べたとおり、民法という法律は、対等な当事者が自由意思と自己決定により契約を締結することが前提となっており、締結された契約に当事者は拘束されることとなります。

　しかし、事業者と消費者との間には情報の質や量・交渉力に格差があります。事業者は消費者に対し不当な方法により勧誘をし、消費者を誤認・困惑させ、消費者の自己決定のための意思形成過程を歪めたり、事業者に有利で消費者に不利な契約条項を一方的に押し付けたりすることが往々にしてあります。

　そこで、消費者と事業者の情報・交渉力格差を是正して、事業者に意思形成を歪められずに自己決定をして契約締結ができる様に、不当勧誘・不当条項を規制した法律が「消費者契約法」です。

　第1章で述べたとおり、消費者と事業者の契約も「私人間」の取引であり、私法の一般法・基礎法である民法が適用されますが、消費者契約法の規定が適用される場合には消費者契約法が優先して適用されます（特別法）。

　消費者契約法は平成12年に制定され、平成13年から施行されています。

その後、平成18年に適格消費者団体による差し止め請求制度[*36]が制定され（消費者契約法12条以下）、平成19年より施行されています。また、集団的被害回復制度[*37]が平成25年に導入されました。

　しかし、消費者契約法の実体法部分（不当勧誘規制・不当条項規制）は制定後改正をされることなく10年以上が経過していました。

---

[*36] 消費者庁ホームページ（http://www.caa.go.jp/policies/policy/consumer_system/collective_litigation_system/）参照。
[*37] 消費者の財産的被害の集団的な回復のための民事の裁判手続の特例に関する法律。

# 第2節　消費者契約法の実体法規定の概観

## 1　消費者・消費者契約とは（2条1項ないし3項）

　消費者契約法の適用の対象となる「消費者契約」とは「消費者と事業者との間で締結される契約」をいいます（消費者契約法2条3項）。「消費者」とは「個人（事業として又は事業のために契約の当事者となる場合におけるものを除く）をいう」とされており（同法2条1項）、「事業者」とは「法人その他の団体及び事業として又は事業のために契約の当事者となる場合における個人をいう」とされています（同法2条2項）。
　どれほど規模が小さくとも株式会社は「法人」ですから「消費者」には該当しませんし、個人事業者についても「事業として」「事業のために」契約の当事者となる場合は「消費者」には該当しません。自治会・ＰＴＡ・同好会などは「個人」ではなく「団体」であることから、やはり「消費者」に該当しないとなりそうです。そうすると消費者契約法により保護されないこととなってしまいます。しかしながら、例えば自治会・ＰＴＡ・同好会あるいは小規模事業者なども情報・交渉力が必ずしも備わってはおらず消費者と同様弱い立場で契約を締結させられている場合があります。団体であるから、事業のために契約をしているからといって常に消費者保護法の適用外にあるとするのは疑問です。

## 2　契約条項の平易明確化義務・情報提供努力義務（3条1項）

　消費者契約法3条1項は「事業者は、消費者契約の条項を定めるに当たっては、消費者の権利義務その他の消費者契約の内容が消費者にとって明確かつ平易なものになるよう配慮する」こと（契約条項の平易明確化努力義務）、「消費者契約の締結について勧誘をするに際しては、消費者の理解を深めるために、消費者の権利義務その他の消費者契約の内容についての必要な情報を提供するよう努めなければならない」こと（情報提供努力義務）が努力義務として定められています。

　「努力義務」というのは、法律の世界では、違反をしても、直ちに契約の取消や損害賠償などの制裁を伴わない規定、守らなくても裁判所からも直ちに不利益が科されない規定という位置づけと理解されがちです。消費者契約法制定の過程では取消等の法的効果を伴う情報提供義務の規定の明文化について検討がなされてきましたが事業者団体からの反対が強く消費者契約法案の取りまとめまでの段階で見送りとなり「努力義務」に留められる結果となりました。


## 3　不当勧誘規制——誤認類型・困惑類型（4条）

　消費者契約法4条は「重要事項について事実と異なることを告げること」（1項1号：不実告知）、「当該消費者に対してある重要事項又は当該重要事項に関連する事項について当該消費者の利益となる旨を告げ、かつ、当該重要事項について当該消費者の不利益となる事実……を故意に告げなかったこと」（2項：不利益事実不告知）、「物品、権利、役務その他の当該消費者契約の目的となるものに関し、将来におけるその価額、将来において当該消費者が受け取るべき金額その他の将来における変動が不確実な事項につき断定的判断を提供すること」（1項2号：断定的判断の提供）により消費者が誤認をして契約を締結させられた場合には消費者は契約を取り消すことができる旨を定めています（誤認類型）。

また「その住居又はその業務を行っている場所から退去すべき旨の意思を示したにもかかわらず、それらの場所から退去しないこと」（3項1号：不退去）、「退去する旨の意思を示したにもかかわらず、その場所から当該消費者を退去させないこと」（3項2号：退去妨害）により消費者が困惑をして契約を締結させられた場合にも消費者は契約を取り消すことができる旨を定めています（困惑類型）。

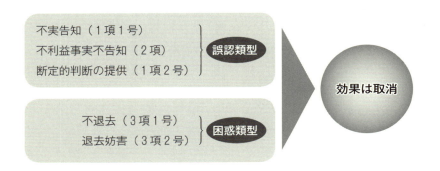

この不当勧誘規制については取消事由を追加・拡充することが求められていました。また不実告知・不利益事実の対象が「重要事項」（改正前消費者契約法4条4項）に限定されていること、取消権の権利行使期間が6か月と短いこと（改正前同法7条）なども消費者契約法取消権の行使を狭めるものとして見直しが求められていました。

## 4　不当条項規制（8条ないし10条）

事業者が自己に有利で消費者に不利な不当条項を定めた場合、消費者契約法8条から10条に該当する場合は無効となります。同法8条は「損害賠償責任を一切負いません」「故意・重過失があっても損害賠償責任を負いません」などという責任免除条項の無効を定めています。同法9条1号は解除の際の違約金は「平均的損害」を超えてはならないとし、同条2号は遅延損害金の上限を年率14.6％としています。同法10条は消

## 第2節　消費者契約法の実体法規定の概観

費者の利益を一方的に害する条項を無効としています。

　大学の前期授業料の前納金の不返還条項が不当条項に該当するとした最高裁判例[*38]など不当条項規制は契約の適正化に貢献しています（消費者団体訴訟制度がこれを後押ししてきたといえるでしょう）。もっとも、最近では敷引・更新料などについて消費者契約法10条の適用を裁判所が制限しすぎているのではないかと思われる判決も見られます[*39]。

　この不当条項規制のリストをさらに拡充することが求められてきました。

---

*38　最判平成18年11月27日等参照。
*39　最判平成23年3月24日・最判平成23年7月15日参照。

# 第3節 平成28年消費者契約法（実体法）改正の経過

　消費者契約法施行から10年以上が経過し、消費者契約法に関する裁判例や消費者被害救済の最前線である消費生活相談における苦情処理事例も蓄積されてきました。消費者契約法成立後インターネットをめぐるトラブルや高齢者を被害者とする悪質商法なども急増しています。民法（債権法）改正の動きなどの影響もあったと思われますが、消費者契約法実体法改正の気運がようやく高まり、平成26年8月5日付で内閣総理大臣は内閣府消費者委員会に対し以下の諮問をしました。

> 　消費者契約法（平成12年法律第61号）について、施行後の消費者契約に係る苦情相談の処理例及び裁判例等の情報の蓄積を踏まえ、情報通信技術の発達や高齢化の進展を始めとした社会経済状況の変化への対応等の観点から、契約締結過程及び契約条項の内容に係る規律等の在り方を検討すること。

　この諮問を受けて消費者契約法専門調査会において消費者契約法実体法改正についての検討がなされてきました[40]。平成27年12月に「消費者契約法専門調査会報告書」が取りとまとめられています[41]。
　そして平成28年3月4日に「消費者契約法の一部を改正する法律案」が閣議決定され国会に提出され、同5月25日に消費者契約法改正法が成

---

[40]　消費者委員会ホームページ（http://www.cao.go.jp/consumer/history/03/kabusoshiki/other/meeting5/001/index.html）参照。
[41]　消費者委員会ホームページ（http://www.cao.go.jp/consumer/iinkaikouhyou/2016/__icsFiles/afieldfile/2016/01/07/20160107_sk_toshin_betu1.pdf）参照。

第3節　平成28年消費者契約法（実体法）改正の経過

## 消費者契約法の一部を改正する法律案

消費者と事業者との間の情報・交渉力の格差に鑑み、契約の取消しと契約条項の無効等を規定

### 1. 契約の取消し

事業者の以下の行為により契約を締結した場合、消費者は取消しが可能

＜現行規定＞
① 不実告知（重要事項［＝契約の目的物に関する事項］が対象）
② 断定的判断の提供
③ 不利益事実の不告知
④ 不退去／退去妨害

＜課題＞
- 高齢者の判断能力の低下等につけ込んで、大量に商品を購入させる被害事案
- 契約の目的物に関しない事項についての不実告知による被害事案（例：床下にシロアリがおり、家が倒壊）
- 取消権の行使期間を経過した被害事案

＜改正内容＞
- 過量な内容の契約の取消し（新たな取消事由）
- 重要事項の範囲の拡大
- 行使期間の伸長（短期を6か月→1年に伸長）

○このほか、取消しの効果についても規定
○このほか、消費者団体訴訟制度（差止請求）に関する規定が置かれている。

### 2. 契約条項の無効

＜現行規定＞
消費者の利益を不当に害する条項は、無効
① 事業者の損害賠償責任を免除する条項
② 消費者の支払う損害賠償額の予定条項
③ 消費者の利益を一方的に害する条項（一般条項）

⇒［10条］❶民法、商法等の任意規定の適用による場合と比べて消費者の権利を制限する条項であって、❷信義則に反して消費者の利益を害するものは無効

＜課題＞
消費者の解除権の存在を認めない条項であっても（一欠陥製品であっても残金を支払い続ける）（例：「いかなる場合でも解除できません」）

法10条の❶は明文の規定ではなく、一般的な法理を含むとする最高裁の判決

＜改正内容＞
- 事業者の債務不履行等の場合でも、消費者の解除権を放棄させる条項（❷の追加）
- 法10条に例示を追加（※）

（※）消費者の不作為をもって意思表示をしたとみなす条項

○このほか、「民法の規定による」という文言を削除
○施行期日は、公布日から起算して1年を経過した日を予定

出典：消費者庁　http://www.caa.go.jp/soshiki/houan/pdf/160304_2-0.pdf

立しました*42。施行は公布から1年以内とされています。

改正法案では、以下の規定が設けられています。

> ①　高齢者の判断能力の低下等につけ込んで、大量に商品を購入させる被害事案に対応するために「過量な内容の契約の取消」についての規定が新設されています（改正消契法4条4項）。
> ②　契約の目的物に関しない事項についての不実告知による被害事案に対応するために「重要事項の範囲」が拡大されています（改正消契法4条5項3号）。
> ③　取消権を行使した消費者の返還義務を現存利益に制限する規定が設けられます（改正消契法6条の2）。
> ④　取消権の行使期間が6か月から1年に伸張されています（改正消契法7条）。
> ⑤　消費者の解除権を放棄させる条項を不当条項として無効とする規定が追加されています（改正消契8条の2）。
> ⑥　消費者契約法10条について「消費者の不作為をもって当該消費者が新たな消費者契約の申込み又はその承諾の意思表示をしたものとみなす条項」が不当条項となるとする例示がなされる等の改正がなされています（改正消契法10条）。

他方で、消費者概念の拡充、情報提供義務の法的義務化、不当勧誘規制の拡充、不当条項規制の拡充などについては今後の検討課題として見送られています。

---

＊42　同日に特定商取引に関する法律の改正法も成立した。

# 第4節　平成28年改正消費者契約法の内容

## 1　「重要事項」の追加（改正消費者契約法4条5項3号）

> 【改正消費者契約法4条5項】
> 5　第一項第一号及び第二項の「重要事項」とは、消費者契約に係る次に掲げる事項（同項の場合にあっては、第三号に掲げるものを除く。）をいう。
> 　一　物品、権利、役務その他の当該消費者契約の目的となるものの質、用途その他の内容であって、消費者の当該消費者契約を締結するか否かについての判断に通常影響を及ぼすべきもの
> 　二　物品、権利、役務その他の当該消費者契約の目的となるものの対価その他の取引条件であって、消費者の当該消費者契約を締結するか否かについての判断に通常影響を及ぼすべきもの
> 　三　前二号に掲げるもののほか、物品、権利、役務その他の当該消費者契約の目的となるものが当該消費者の生命、身体、財産その他の重要な利益についての損害又は危険を回避するために通常必要であると判断される事情

※新設

　消費者契約法は「重要事項」について不実告知が行われた場合に意思表示の取消しを認めています（消費者契約法4条1項1号）。ここでいう「重要事項」は、これまでは消費者契約の目的となるものの「質、用途その他の内容」又は「対価その他の取引条件」）であって消費者の当該消費者契約を締結するか否かについての判断に通常影響を及ぼすべきものとされていました（同法4条5項1号及び2号）。

第2章　消費者契約法（実体法）の改正について

　他方で、契約の締結を必要とする事情（動機）について不実告知を受けた場合については「重要事項」の不実告知ではないとする解釈が示されることもありました。シロアリがいないにも関わらず、シロアリがいると不実を告知し、シロアリ駆除契約を締結させる場合などが例とされる場合もありました。

　この点、特定商取引法では「顧客が当該売買契約又は当該役務提供契約の締結を必要とする事情に関する事項」についての不実告知が取消事由とされており（特定商取引法6条1項6号・同法9条の3第1項1号）、消費者契約法の不実告知取消権の規定がより制限的となる状態となっていました。

　そこで消費者契約法専門調査会報告書では「消費者が当該消費者契約の締結を必要とする事情に関する事項」を追加することが提案されていました（同報告書4頁以下）。

　改正消費者契約法4条5項3号はこれを受けて条文化されたものです。もっとも、条文の文言は改正法案の段階で「……物品、権利、役務その他の当該消費者契約の目的となるものが当該消費者の生命、身体、財産その他の重要な利益についての損害又は危険を回避するために通常必要であると判断される事情」と複雑なものとなっております。なぜ専門調査会報告書における取りまとめや特商法と同様に「消費者が当該消費者契約の締結を必要とする事情に関する事項」とされなかったのか、その経緯は明らかではありませんが、立法経緯に鑑みれば両者は同義であると解されるべきです。

　なお、この重要事項の追加は不実告知取消権のみにかかるものとして改正されています。消費者契約法専門調査会報告書では不利益事実不告知（消費者契約法4条2項）における重要事項についても同様の規定とするかについては引き続き検討をするとされております（同報告書4頁）。また改正消費者契約法4条5項1号から3号が掲げる重要事項については例示列挙とするか等についても引き続き検討するとされています（同報告書4頁）。事業者の不実告知・不利益事実不告知という不当

勧誘により消費者の誤認が惹起させられ意思形成過程が歪められて契約を締結した場合に契約の解消を認めるという不実告知・不利益事実不告知取消権の構造に鑑みれば、重要事項について限定列挙と解する必要はなく、厳密に1号から3号に該当しない場合であってもこれと同視できる程度の事情が認められる場合には取消が認められて良いと考えます[*43]。

## 2 「過量契約」取消権の創設（改正消費者契約法4条4項）

【改正消費者契約法4条4項】
4　消費者は、事業者が消費者契約の締結について勧誘をするに際し、物品、権利、役務その他の当該消費者契約の目的となるものの分量、回数又は期間（以下この項において「分量等」という。）が当該消費者にとっての通常の分量等（消費者契約の目的となるものの内容及び取引条件並びに事業者がその締結について勧誘をする際の消費者の生活の状況及びこれについての当該消費者の認識に照らして当該消費者契約の目的となるものの分量等として通常想定される分量等をいう。以下この項において同じ。）を著しく超えるものであることを知っていた場合において、その勧誘により当該消費者契約の申込み又はその承諾の意思表示をしたときは、これを取り消すことができる。事業者が消費者契約の締結について勧誘をするに際し、消費者が既に当該消費者契約の目的となるものと同種のものを目的とする消費者契約（以下この項において「同種契約」という。）を締結し、当該同種契約の目的となるものの分量等と当該消費者契約の目的となるものの分量等とを合算した分量等が当該消費者にとっての通常の分量等を著しく超えるものであることを知っていた場合において、その勧誘により当該消費者契約の申込み又はその承諾の意思表示をしたときも、同様とする。

※新設

　かつて高齢者に対する呉服やリフォームの次々販売・過量販売が社会

---

[*43] 改正民法法案において相手方惹起錯誤の取消権の明文化が見送られたことは既に述べた（本書26頁以下参照）。

第2章 消費者契約法(実体法)の改正について

問題となったことがありました。これを踏まえて特定商取引法では訪問販売類型において過量販売解除権(通常必要とされる分量を著しく超える商品の売買契約等の申込みの撤回等)についての規定が既に明文化されています(特商法9条の2)。さらに平成28年特定商取引法改正において過量販売解除権が電話勧誘販売にも拡大されました。

　消費者契約法専門調査会報告書では「合理的な判断をすることができない事情を利用して契約を締結させる類型」として「事業者が、消費者に対して、過量契約(事業者から受ける物品、権利、役務等の給付がその日常生活において通常必要とされる分量、回数又は期間を著しく超える契約)に当たること及び当該消費者に当該過量契約の締結を必要とする特別の事情がないことを知りながら、当該過量契約の締結について勧誘し、それによって当該過量契約を締結させたような場合に、意思表示の取消しを認める規定を新たに設けることとする」と提案されていました(同報告書5頁)。その提案理由として同報告書の解説では「高齢化の更なる進展に伴い、高齢者の消費者被害は増加しており、その中には、加齢や認知症等により判断力が不十分な消費者が不必要な契約を締結させられたという事例もある。また、高齢者に限らず、当該契約を締結するか否かを合理的に判断することができない事情がある消費者が、事業者にその事情を利用されて、不必要な契約を締結させられたという被害は多い。その救済は、現行法の下では、公序良俗(民法90条)や不法行為(民法709条)等の一般的な規定に委ねられているが、これらの規定は要件が抽象的であり、消費者にとって、どのような場合にこれらの規定が適用されるかは必ずしも明らかではない。そこで、事業者が、消費者に当該契約を締結するか否かを合理的に判断することができない事情があることを利用して、当該消費者に不必要な契約を締結させたような事例について、契約の効力を否定する規定を法に設ける必要がある……」「……具体的には、不必要な契約の典型例の一つである過量契約を対象とした規定を設けることが考えられる……」とされていました(同報告書5頁以下)。改正法はこの提案を受けて不当勧誘類型として新たに「過

量契約」取消権を創設したものです。

　消費者契約法の実体法において過量契約取消権が明文化されたことは高齢者などの消費者被害防止のために意義がありますが、特定商取引法の後追いの感は否めません。合理的な判断をすることができない事情を利用して不必要な契約を締結させる類型は恋人商法・霊感商法・催眠商法など過量契約に留まりません。消費者の困窮・経験の不足・知識の不足その他の相手方が法律行為をするかどうかを合理的に判断することができない事情があることを利用して、著しく過大な利益を獲得し、又は相手方に著しく過大な義務を負担させたり（現代型暴利行為）、消費者の知識・経験・財産の状況・契約の目的に照らして不適合な契約を締結させたり（適合性原則違反）、恋人商法や霊感商法などにおいて相手方が契約を拒絶しがたい状況を濫用して契約を締結させる（状況の濫用）など合理的な判断をすることができない事情を利用して不必要な契約を締結させる類型（つけ込み型勧誘）全般ついての不当勧誘規制の導入の検討が引き続き求められます[*44]。

## 3　取消権を行使した消費者の返還義務の限定（改正消費者契約法6条の2）

【改正消費者契約法6条の2】
（取消権を行使した消費者の返還義務）
第6条の2
　民法第121条の2第1項の規定にかかわらず、消費者契約に基づく債務の履行として給付を受けた消費者は、第4条第1項から第4項までの規定により当該消費者契約の申込み又はその承諾の意思表示を取り消した場合において、給付を受けた当時その意思表示が取り消すことができるものであること

---

[*44] 改正民法法案において現代型暴利行為の条文化が見送られたことは既に述べた（本書24頁以下参照）。

第2章 消費者契約法（実体法）の改正について

> を知らなかったときは、当該消費者契約によって現に利益を受けている限度において、返還の義務を負う。

【改正民法121条の2】
（原状回復の義務）
第121条の2
1 　無効な行為に基づく債務の履行として給付を受けた者は、相手方を原状に復させる義務を負う。
2 　前項の規定にかかわらず、無効な無償行為に基づく債務の履行として給付を受けた者は、給付を受けた当時その行為が無効であること（給付を受けた後に前条の規定により初めから無効であったものとみなされた行為にあっては、給付を受けた当時その行為が取り消すことができるものであること）を知らなかったときは、その行為によって現に利益を受けている限度において、返還の義務を負う。
3 　第一項の規定にかかわらず、行為の時に意思能力を有しなかった者は、その行為によって現に利益を受けている限度において、返還の義務を負う。行為の時に制限行為能力者であった者についても、同様とする。

　民法上、取消権が行使された場合には、契約は遡及的に無効となりますが（民法121条）、現行民法においては取消後の清算関係についての明文はありませんでした。そして清算関係については不当利得の規律（民法703条以下）によるとするのが伝統的な考え方であったのに対し、取消の基礎となった契約関係を清算関係においても反映させる類型論と呼ばれる考え方が有力になっていました。改正民法121条の2では、取消権行使後の清算関係を明文化することが提案されておりますが、契約当事者双方の原状回復義務を前面に押し出したものとなっています（1項）。ただし無償行為及び意思無能力・制限行為能力に関しては返還の範囲を現存利益に制限する旨の規定が設けられております（2項・3項）。もっとも、取消の効果としての原状回復義務を形式的に適用すると、例えば詐欺取消をした者も詐欺をした者に対して原状回復を強いられることとなり、取消権を保障した意義が喪われたり、詐欺をした者に「やり得」

## 第4節　平成28年改正消費者契約法の内容

を認める結果となってしまいます。

同様の問題は、消費者契約法における不実告知等取消権を行使した後の清算関係についても生じ得ます（消費者契約法11条1項は「消費者契約の申込み又はその承諾の意思表示の取消し…の効力については、この法律の規定によるほか、民法……の規定による」とされています）。

この点、消費者契約法専門調査会報告書では「消費者契約法の規定により意思表示が取り消された場合の消費者の返還義務について、現行法の下では、一般に、民法第703条が適用され、給付の時に取消原因があることを知らなかった場合には、消費者は現存利益の範囲で返還義務を負うことになると考えられる。これに対し、新民法第121条の2の下では、消費者契約法の規定により意思表示が取り消された場合、双方の当事者が原則として原状回復義務を負うことになる。しかしながら、消費者が原状回復義務を負うとすると、例えば消費者が受領した商品を費消してしまった場合、事業者の不当勧誘行為を理由に意思表示を取り消したにもかかわらず、費消した分の客観的価値を返還しなければならないことになり、その分の代金を支払ったのと同じ結果になってしまう。これでは、不当勧誘行為による『給付の押付け』や『やり得』を認めることにもなりかねない。そこで、現状の規律を維持する観点から、給付を受けた当時、その意思表示が取り消すことができるものであることを知らなかった消費者の返還義務の範囲を現存利益に限定する規定を設けることが適当である」とされています（同報告書7頁）。改正消費者契約法6条の2はこれを明文化した条文となります。同規定により、消費者は取消権を安心して行使することが可能となります。

本来であれば改正民法においても、詐欺取消等の場合には原状回復義務を制限する規定を明文化すべきであったのですが、明文化は見送られてしまいました（本書27頁以下参照）。改正民法下において新設された原状回復義務規定の形式的な適用が拡がる懸念もあります。消費者契約法において取消権行使後の原状回復義務について現存利益に制限がなされる旨の規定が創設されることは、消費者に取消権を保障し事業者の

第 2 章　消費者契約法（実体法）の改正について

「やり得」を防ぐ意味でも、清算関係の場面における消費者保護を考える上でもとても意義のある規定であり、大いに賛成できます。詐欺取消等においても、改正消費者契約法 6 条の 2 の趣旨から返還の範囲は現存利益まで制限されると解すべきでしょう。

## 4　取消権の行使期間の伸張（改正消費者契約法 7 条 1 項）

> 【改正消費者契約法 7 条 1 項】
> （取消権の行使期間等）
> 1　第四条第一項から第四項までの規定による取消権は、追認をすることができる時から一年間行わないときは、時効によって消滅する。当該消費者契約の締結の時から五年を経過したときも、同様とする。

【改正前消費者契約法 7 条 1 項】
（取消権の行使期間等）
第 7 条 1 項
　第四条第一項から第三項までの規定による取消権は、追認をすることができる時から六箇月間行わないときは、時効によって消滅する。当該消費者契約の締結の時から五年を経過したときも、同様とする。

　改正前消費者契約法の不実告知等の取消権の権利行使期間は、追認ができる時から 6 か月という短期です（契約締結時からは 5 年まで）。消費者契約法専門調査会報告書では「消費生活相談員に対するアンケート調査」において、アンケートに回答した消費生活相談員の約40％が「契約してから 5 年以上経っていた」相談を、約35％が「騙されて契約していたことに気づいたときから 6 か月以上経っていた」相談を、約12％が「不退去・監禁（退去妨害）から解放されてから 6 か月以上経っていた」相談を、それぞれ受けた経験があるという結果となっているとされています（同報告書 6 頁）。
　消費者契約法に基づく取消権の権利行使期間の短さも、消費者契約法

が消費者被害救済のための機能を阻害する要因となっていると考えられます[*45]。消費者契約法専門調査会報告書では「……不当な勧誘を受けて契約を締結し、取消権の行使期間を経過してしまう消費者は一定数存在しており、不当な勧誘行為を受けて契約を締結した消費者ができる限り救済されるよう、取消権の行使期間を適切に伸長する必要がある。他方で、法は、民法の定める場合よりも取消しを広く認めるものであり、契約の一方当事者である事業者の負担を考慮すれば早期に法律関係を確定させる要請もあることに鑑みると、伸長をするとしても最低限度とすることが望ましく、短期の行使期間を1年間に伸長すべきである。もっとも、長期の行使期間を伸長した場合には資料保管といった事業者の負担も大きくなると見込まれることを踏まえ、現時点では、長期の行使期間は変更せず、短期の行使期間を伸長することが適当である」とまとめられています（同報告書6頁）。改正消費者契約法7条1項はこれを受けて取消権の行使期間を6か月から1年に伸張しました。

取消権の権利行使期間の伸張については賛成できますが、消費者の取消権保障の観点からは1年よりも更に長く伸張されるべきと考えます。

## 5 不当条項類型の追加——解除権放棄条項の無効（改正消費者契約法8条の2）

【改正消費者契約法8条の2】
（消費者の解除権を放棄させる条項の無効）
第8条の2
　次に掲げる消費者契約の条項は、無効とする。
　一　事業者の債務不履行により生じた消費者の解除権を放棄させる条項
　二　消費者契約が有償契約である場合において、当該消費者契約の目的物に隠れた瑕疵があること（当該消費者契約が請負契約である場合には、

---

[*45] 民法126条は詐欺等の取消権の行使期間は追認をすることができる時から5年間としている。

第2章　消費者契約法（実体法）の改正について

> 当該消費者契約の仕事の目的物に瑕疵があること）により生じた消費者の解除権を放棄させる条項

※新設

　改正前消費者契約法は不当条項規制として損害賠償責任免除条項（8条）及び平均的損害を超える損害賠償額の予定条項等（9条）を類型的な不当条項として無効とする旨を定めています[*46]。

　それ以外の条項については消費者契約法10条の要件の有無によって不当条項該当性が判断されることとなりますが、同法8条及び9条以外にも類型的に例外なく無効となるべき条項については可能な限り明文化しておくことが消費者のみならず事業者にとっても予測可能性を確保する上で望ましいと考えられます。

　消費者契約法専門調査会では、類型的に不当性の高い条項などについて検討がなされてきましたが、今般の改正では「消費者の解除権を放棄させる条項」についてだけ例外なく無効となる類型として条文として追加されることとなりました。その他の条項については引き続き調査・分析をすることとされています。

　なお、改正消費者契約法8条の2では債務不履行に基づく解除権（1号）とともに売買・請負などの有償契約についての瑕疵担保解除（2号）についても対象とされています。もっとも今般の民法（債権法）改正案では、売買等の瑕疵担保責任についても債務不履行一般の解除によることとされます（本書64頁以下、70頁以下参照）。これに伴い8条の2第2号は第1号に吸収される等の手当がなされる可能性があります。

---

[*46] なお平成28年改正により8条3号・4号の損害賠償責任制限条項について「民法の規定による」との文言が削除されている。

## 第4節　平成28年改正消費者契約法の内容

## 6　不作為をもって意思表示とみなす条項（改正消費者契約法10条）

【改正消費者契約法10条】
（消費者の利益を一方的に害する条項の無効）
　第10条
　　消費者の不作為をもって当該消費者が新たな消費者契約の申込み又はその承諾の意思表示をしたものとみなす条項その他の法令中の公の秩序に関しない規定の適用による場合に比して消費者の権利を制限し又は消費者の義務を加重する消費者契約の条項であって、民法第一条第二項に規定する基本原則に反して消費者の利益を一方的に害するものは、無効とする。

【改正前消費者契約法10条】
（消費者の利益を一方的に害する条項の無効）
第10条
　民法、商法（明治三十二年法律第四十八号）その他の法律の公の秩序に関しない規定の適用による場合に比し、消費者の権利を制限し、又は消費者の義務を加重する消費者契約の条項であって、民法第一条第二項に規定する基本原則に反して消費者の利益を一方的に害するものは、無効とする。

　消費者契約法専門調査会報告書では不当条項規制について「対象となる契約条項を例外なく無効とする規定」と「対象となる契約条項のうち一定のものを無効とする規定」の二通りが考えられると整理しています（同報告書8頁以下）。このうち前者については、これまでの8条・9条に加えて今般の改正で解除権法規条項が不当条項とされることになりました（改正消費者契約法8条の2）。

　他方、後者については、更に「原則として無効として一定の要件を満たすもののみを有効とする規定」と「一定の要件を満たすもののみを無効とする規定」の二通りが考えられると整理しつつ、今般の法改正では「一定の要件を満たすもののみを無効とする規定」として「消費者の不作為をもって当該消費者が新たな契約の申込み又は承諾の意思表示をしたものとみなす条項」が規制の対象となりうることとなりました。

第2章　消費者契約法（実体法）の改正について

## 【不当条項規制の考え方】

### ◆「対象となる契約条項を例外なく無効とする規定」
- 損害賠償責任制限条項（8条）
- 解除権制限条項（8条の2）（新設）
- 平均的損害を超える損害賠償額の予定条項等（9条）

### ◆「対象となる契約条項のうち一定のものを無効とする規定」
◇ 原則として無効として一定の要件を満たすもののみを有効とする規定
　➡ 明文化は見送り
◇ 一定の要件を満たすもののみを無効とする規定（10条）
　➡ 不作為を意思表示とみなす条項（新設）

　そして改正法では「一定の要件」について消費者契約法10条の枠組みを用い「不作為を意思表示とみなす条項」については「前段要件（その他の法令の公の秩序に関しない規定の適用による場合に比し、消費者の権利を制限し、又は消費者の義務を加重する条項）」に該当することが例示されることとなりました。もっとも「不作為を意思表示とみなす条項」が直ちに無効となるのではなく、それが「後段要件（民法第一条第二項に規定する基本原則に反して消費者の利益を一方的に害するもの）」に該当する場合にのみ無効となるとの構成が採用されています。
　今般の法改正では「原則として無効として一定の要件を満たすもののみを有効とする規定」（グレーリスト）については引き続き検討とされています。消費者契約法10条の枠組みでは「後段要件」の立証責任は消費者側にあると解するのが一般的であるところ、近時の消費者契約法10条をめぐる最判などでは「後段要件」を満たさないとして不当条項性が否定される傾向が感じられます。これでは消費者契約法10条の不当条項規制が十分に機能しません。

「不作為を意思表示とみなす条項」などは不当条項に類型的に該当する可能性が強いとも言えますし、だからこそ改正法においても「前段要件」該当性は認められています。このような条項については、むしろ原則として無効とした上で、事業者において合理性・正当性を立証した場合にのみ例外的に有効となると解するか、後段要件該当性が推定されると解すべきです。

今後、更に不当条項として追加すべき条項を個別具体的に検討するとともに追加される条項については「例外なく無効となる規定」もしくは「原則として無効となる規定」として不当条項のリスト化が実現されるべきと考えます[*47]。

---

[*47] なお改正消費者契約法10条は「民法、商法……その他の法律の公の秩序に関しない規定の適用による場合に比し、」との文言を「……その他の法令中の公の秩序に関しない規定の適用による場合に比して」の文言に改めている。この点、最判平成23年7月15日は「……ここにいう任意規定には、明文の規定のみならず、一般的な法理等も含まれると解するのが相当である」と判示しているが、改正消費者契約法10条においても任意規定には「明文の規定のみならず一般的な法理等も含まれる」との解釈に変更はない。

# 第5節　今後の検討課題

## 1　消費者契約法改正法の成立と国会附帯決議

　消費者契約法改正法は平成28年5月25日に成立しました。消費者契約法の実体法部分の改正は平成12年の制定以来となります。もっともこの改正法の成立にあたり国会では衆議院・参議院において次の附帯決議がなされています。

> 【衆議院の附帯決議】
> 　「政府は、本法の施行に当たり、次の事項について適切な措置を講ずべきである……情報通信技術の発達や高齢化の進展を始めとした社会経済状況の変化に鑑み、消費者委員会消費者契約法専門調査会において今後の検討課題とされた、『勧誘』要件の在り方、不利益事実の不告知、困惑類型の追加、『平均的な損害の額』の立証責任、条項使用者不利の原則、不当条項の類型の追加その他の事項につき、引き続き、消費者契約に係る裁判例や消費生活相談事例等の更なる調査・分析、検討を行い、その結果を踏まえ、本法成立後三年以内に必要な措置を講ずること……」
>
> 【参議院附帯決議】
> 　「政府は、本法の施行に当たり、次の事項について適切な措置を講ずべきである…消費者被害を防止することにより、被害で失われたであろう金額が正当な消費に向かうことが健全な内需拡大に資することに鑑み、消費者委員会消費者契約法専門調査会報告書において、今後の検討課題とされた論点については、消費者契約に係る裁判例、消費生活相談事例、様々な業界における事業者の実務実態等の調査・分析に基づき、健全な事業活動に支障を来す

> ことのないよう配慮しつつ、消費者の安全・安心に寄り添って検討を行い、国会における審議も踏まえて、本法成立後遅くとも三年以内に必要な措置を講ずること……」

　このように国会も今般の消費者契約法実体法改正に留まることなく、更なる改正が早期になされることが必要であるとしています。

## 2　「今後の検討課題とされた論点」の位置づけ

　消費者契約法専門調査会報告書では「第3　上記以外の論点」として、今般の法改正では立法化は見送られたものの引き続き検討すべき論点が掲げられています（同報告書11頁以下）。そして、これらの論点の取り扱いについては「……中間取りまとめに記載されている論点のうち、本報告書で速やかに法改正を行うべきとされた論点以外の部分については、今後の検討課題として、所要の調査・分析を踏まえて引き続き検討を行うべきである。今後の検討課題については、改正法案の立案及び国会における審議等も踏まえた上で、適切な時期に本専門調査会において審議を行うこととする……」とされています（同報告書17頁）。

## 3　「勧誘」要件の在り方について（広告規制）

　消費者契約法の不当勧誘規制における「勧誘」は、特定の消費者に働きかけ個別の契約締結の意思の形成に直接影響を与えることが想定されており、不特定多数向けの「広告」等は「勧誘」に含まれないとされています。もっとも、ネット取引などの発展に伴い、不特定の者に向けられた広告等によって締結された契約に関するトラブルも急増していること等から、消費者契約法専門調査会では不特定の者に向けた広告等に不実告知等があった場合にも、消費者契約法上の意思表示の取消しの規律を及ぼすべきであるという考え方について検討がなされてきました。

　消費者契約法専門調査会が平成27年8月に公表をした「中間取りまと

め[*48]」では「事業者が、当該事業者と消費者との間でのある特定の取引を誘引する目的をもってした行為については、それが不特定の者を対象としたものであっても、それを受け取った消費者との関係では、個別の契約を締結する意思の形成に向けられたものと評価することができると考えられる。そこで、事業者が、当該事業者との特定の取引を誘引する目的をもってする行為をしたと客観的に判断される場合、そこに重要事項についての不実告知等があり、これにより消費者が誤認をしたときは、意思表示の取消しの規律を適用することが考えられるが、適用対象となる行為の範囲については、事業者に与える影響等も踏まえ、引き続き検討すべきである」とされていました（「中間取りまとめ」9頁以下）。

　この勧誘要件の緩和については過大な広告規制となりうるとの懸念が産業界から示されました。例えば「日本経済新聞」平成27年8月10日付社説「副作用大きい消費者契約法改正の再考を」では「……消費者保護の強化を狙うあまり、事業者に過大な負担を強いる法改正を進めるのではないか、と心配だ。経済への副作用が大きすぎる規制強化は再考してほしい……店舗や消費者の自宅での勧誘に加え、テレビやラジオのＣＭ、ネット広告、テレビショッピング、通信販売のカタログなど対象が大きく拡大するおそれがある……規制が重なると、事業者にとってはビジネスに大きな影響が出る公算が大きい……また、消費者が『広告に書いていない』という理由だけで返品や別商品への交換を要求する事態が頻発しかねない、との懸念が事業者から出ている。事業者に法令順守のための膨大な負担が生じ、経済活動が萎縮する危険がある……法改正の内容しだいで、成長戦略との整合性も問われる……」とされていました。

　このように勧誘要件の緩和については慎重論が根強く消費者契約法専門調査会報告書では「……不特定の者に向けた働きかけは非常に多様であり、媒体並びに内容及び表現手法も様々であることに鑑みると、取消しの規律の適用の対象となる行為の範囲として、いかなるものを含める

---

[*48] 消費者委員会ホームページ（http://www.cao.go.jp/consumer/history/03/kabusoshiki/other/meeting5/doc/201508_chuukan.pdf）参照。

かについて、現時点ではコンセンサスを得ることは困難である。したがって、取消しの規律の適用対象となる行為の範囲について、引き続き、事業活動に対する影響について調査するとともに、裁判例や消費生活相談事例を収集・分析して、検討を行うべきである……」として今般の法改正における立法化は見送られました（同報告書11頁）。

「中間取りまとめ」では過剰な広告規制となるとの反対論を踏まえた上で「事業者が、当該事業者との特定の取引を誘引する目的をもってする行為をしたと客観的に判断される場合」に限定して、そこに重要事項についての不実告知等があり、これにより消費者が誤認をしたときは、意思表示の取消しの規律を適用するとしていました。そもそも「広告」一般であっても、重要事項について不実の表示があり、それにより消費者の誤認を招来した以上は取消権が付与されるとしてもよいとの考え方もあるところです。これに比べれば「中間取りまとめ」の案は、広告一般を広く規制の対象とはしておらず、あくまでも「不特定の者を対象としたものであっても、それを受け取った消費者との関係では、個別の契約を締結する意思の形成に向けられたもの」に限定しており穏当なものに留まっています。今後の更なる法改正においては、産業界の広告一般への過剰規制であるとの懸念・誤解（あるいは過剰な宣伝）を払拭しながら、勧誘要件の緩和の実現が目指されるべきと考えます。

## 4　不利益事実の不告知の見直し

【消費者契約法4条2項】
（消費者契約の申込み又はその承諾の意思表示の取消し）
第4条2項
　消費者は、事業者が消費者契約の締結について勧誘をするに際し、当該消費者に対してある重要事項又は当該重要事項に関連する事項について当該消費者の利益となる旨を告げ、かつ、当該重要事項について当該消費者の不利益となる事実（当該告知により当該事実が存在しないと消費者が通常考えるべきものに限る）を故意に告げなかったことにより、当該事実が存在しないとの誤認をし、それに

よって当該消費者契約の申込み又はその承諾の意思表示をしたときは、これを取り消すことができる。ただし、当該事業者が当該消費者に対し当該事実を告げようとしたにもかかわらず、当該消費者がこれを拒んだときは、この限りでない。

　不利益事実の不告知については、「先行行為要件」（利益となる旨の告知）と、不告知についての「故意要件」があるために、取消権が認められる範囲が不当に狭められているのではないか、あるいは、事業者に故意はなかったとの弁解を許してしまうのではないかとの問題提起があります。

　特定商取引法9条の3が定める不告知取消権では「先行行為要件」は存しないこと[*49]との対比などから「先行行為要件」を削除することや、事業者の主観的要件を定めていない不実告知取消（4条1項1号）と同様に「故意要件」を削除（あるいは緩和）することが検討されてきましたが、今般の法改正では見送られました。

　この点、「中間取りまとめ」では、不利益事実の不告知について「利益となる旨の告知が具体的であり、不利益事実との関連性が強いため、不実告知といっても差支えがない場合（不実告知型）」と「利益となる旨の告知が具体性を欠き、不利益事実との関連性が弱いため、不利益事実が告知されないという側面が際立つことになり、実質的には故意の不告知による取消しを認めるに等しくなる場合（不告知型）」とに類型化して検討する考え方があるとされています（「中間とりまとめ」12頁以下）。「不実告知」型では「故意要件」は不要との考え方に親和的になりますし、「不告知型」では「先行行為要件」は不要との考え方に親和的になります。

---

[*49] 「故意要件」は必要とされている（特定商取引法9条の3第2号）。

【不利益事実不告知取消権】

- 利益事実告知（先行行為要件）
- 不利益事実の「故意」の不告知（故意要件）

いずれかの要件で足りるのではないか？

　「先行行為要件」と「故意要件」の両者を同時に削除する考え方については、事業者側には取消の範囲が拡がりすぎるとの懸念があるかもしれません。しかし、不利益事実不告知取消権を類型化した上で、類型ごとに、いずれかの要件について削除（ないし緩和）することで事業者側の不利益にも配慮したバランスの取れた要件設定は可能なようにも思えます。引き続き検討の上で次の機会における法改正の実現が望まれます。

## 5　困惑類型の追加

　現行消費者契約法では不退去（4条3項1号）・退去妨害（同項2号）により消費者が困惑した場合の取消権が定められていますが、消費者が困惑させられた上で契約締結に至ってしまう場合は不退去・退去妨害に限定されません。

　消費者契約法専門調査会報告書では「困惑類型の追加」として「執拗な電話勧誘」「威迫による勧誘」について必要に応じて検討を行うべきとされています（同報告書12頁以下）。

　この点、「中間とりまとめ」では「執拗な電話勧誘」については「……自宅や勤務先といった生活・就労の拠点で電話による勧誘を受け続けることは、現行法で取消事由とされている不退去又は監禁と同様に、当該勧誘から逃れるためにやむなく消費者が契約を締結したという状況にあるとも言い得る。もっとも、現在、特定商取引法の見直しに関し、電

話勧誘販売における勧誘に関する規制の在り方について検討されていることから、その状況等を注視しつつ、必要に応じ、検討すべきである」とされ、他方、「威迫による勧誘」については「『威迫』（脅迫に至らない程度の人に不安を生じさせる行為）によって消費者が困惑し、契約を締結した場合について、消費者の保護を図る観点から、適用範囲を明確にしつつ取消事由として規定することが適当である」とされていました（「中間取りまとめ」17頁以下）。

確かに、電話による執拗な勧誘については特定商取引法による規制との関係を考慮する必要がありますが消費者契約法専門調査会報告書で指摘されているとおり、電話勧誘に限らない「執拗な勧誘」についての規律を消費者契約法における困惑類型に追加することを引き続き検討すべきです[*50]。また「威迫」による「困惑」についても明文化が求められます。

## 6 不招請勧誘の禁止

消費者契約法専門調査会報告書では「不招請勧誘は、その不意打ち的な性質から消費者被害の温床になるなど様々な問題点の発生が指摘されているところである。中でも、消費者被害に発展するような不招請勧誘としては、その性質から、典型的には訪問販売や電話勧誘販売といった一定の態様による勧誘の場合が想定される。その一方で、法は、取引の種類や勧誘の態様にかかわらずあらゆる消費者契約に一般的に適用される。そのため、法に不招請勧誘に関する規律を設ける必要性があるか否かを含めて、訪問販売及び電話勧誘販売における勧誘の在り方に関する今後の特定商取引法の運用の状況等を踏まえた上で、必要に応じ検討していくこととするのが適当と考えられる」とされています（同報告書13頁以下）。

---

＊50　消費者委員会消費者契約法専門調査会報告書12頁脚注14参照。

第5節　今後の検討課題

　ところで、消費者契約法案と同時期に特定商取引法の改正が消費者委員会特定商取引法専門調査会において審議されてきました。平成28年度特定商取引法では、電話勧誘販売における過量販売規制の導入や指定権利性の見直し、行政監督権限の強化などの改正がなされました。この特商法改正の審議の過程では、訪問勧誘・電話勧誘規制の強化も議論されてきましたが、訪問販売・電話勧誘販売の勧誘行為への規制強化については共通認識が形成されるには至らず法改正は見送りとなりました[*51]。

　消費者被害の多くは突然の訪問や電話という不招請勧誘がきっかけとなっています。また、望まない訪問や電話という不招請勧誘は平穏な生活権を侵害する行為であるとも言えます。商品先物取引法や金融商品取引法では訪問や電話による不招請勧誘規制が導入されていますが[*52]、この不招請勧誘禁止のルールを消費者契約一般に拡げていく必要があります。

　日本弁護士連合会は平成25年5月7日に「不招請勧誘規制の強化を求める意見書」[*53]において「海外で広く実施されている電話勧誘拒否登録制度（Do-Not-Call制度）を速やかに導入するための施策を講じること」「『訪問販売お断りステッカー』など訪問販売の事前拒否に明確な法的根拠を与え、これを無視して勧誘することを禁止する訪問勧誘拒否制度（Do-Not-Knock制度）を速やかに実現するための施策を講じること」を求めています。

　不招請勧誘禁止については、事業者の営業の自由を制限するなどと批判されることがありますが、消費者には居宅などの私的空間において望まない勧誘を受けることがない権利が保障されるはずです。営業の自由といえども、消費者が予め拒絶の意思を表示しているにも関わらず、こ

---

＊51　消費者委員会特定商取引法専門調査会報告書（http://www.cao.go.jp/consumer/iinkaikouhyou/2016/__icsFiles/afieldfile/2016/01/07/20160107_ts_toshin_betu1.pdf）15頁以下。
＊52　商品先物取引法214条9号・金融商品取引法38条4号。
＊53　日弁連ホームページ（http://www.nichibenren.or.jp/activity/document/opinion/year/2015/150507.html）参照。

れを踏みにじることまで許容するものではないはずです。他方、Do-Not-Call（ＤＮＣ）制度・Do-Not-Knock（ＤＮＫ）制度のもとにおいても事業者は事前に勧誘を受けることを拒否していない消費者に対しては勧誘をすることは許容されています。

消費者契約法あるいは特定商取引法の改正により、ＤＮＣ・ＤＮＫ制度の早期導入が強く望まれます。

## 7　第三者による不当勧誘（5条1項）

【消費者契約法5条1項】
(媒介の委託を受けた第三者及び代理人)
第5条
1　前条の規定は、事業者が第三者に対し、当該事業者と消費者との間における消費者契約の締結について媒介をすることの委託（以下この項において単に「委託」という。）をし、当該委託を受けた第三者（その第三者から委託（二以上の段階にわたる委託を含む。）を受けた者を含む。以下「受託者等」という。）が消費者に対して同条第一項から第三項までに規定する行為をした場合について準用する。この場合において、同条第二項ただし書中「当該事業者」とあるのは、「当該事業者又は次条第一項に規定する受託者等」と読み替えるものとする。
〈2項　略〉

消費者契約法5条1項は媒介受託者が不実告知等不当勧誘を行った場合についても消費者は取消権を行使ができる旨を定めています。消費者契約の締結過程では複数の事業者が関与することも少なくありません。媒介受託者による不当勧誘についても取消権が行使できる旨を明らかにした5条1項は、契約締結過程に複数の事業者が関与する事案において消費者保護のために有用な規定です。民法改正の審議においては詐欺の規定においても、この媒介受託者等による場合について明文化することが検討されましたが明文化は見送られております。

第5節　今後の検討課題

　ところで劇場型詐欺の事案などにおいては、契約の相手方が第三者に対して媒介を委託した旨を立証することが困難な場合があります（第三者が電話を架け、Ａ社の未公開株が必ず値上がりする、高く買い取るなどと不実を告知し、誤認した消費者が、その頃に何故か送られてきたＡ社のパンフと申込書に基づいて未公開株の売買契約を締結した場合など）。この場合にも、消費者取消権を行使することにより救済を図ることができないかが問題となります。

　消費者契約法専門調査会報告書は「……現行法は、事業者と第三者との間の委託関係が認められる場合を取消しの対象としているが、いわゆる劇場型勧誘など、契約の相手方である事業者と勧誘をする第三者との間の委託関係の立証が困難な悪質なケースがあることが指摘されている。もっとも、委託関係の立証の困難性については、裁判実務における事実上の推定の活用などによっても一定程度対処することが可能と考えられるところである。そのため、委託関係にない第三者による不当勧誘を新たな取消しの規律の適用対象に含めるかについては、引き続き、裁判例や消費生活相談事例を収集・分析して、検討を行うべきである……」（同報告書13頁）としています。

　もちろん取消権を行使される第三者の取引の安全も考慮しなければなりませんが、「中間とりまとめ[*54]」で指摘されていたように、例えば、民法における「第三者による詐欺」の規定（民法96条2項）と同様に、相手方が悪意・有過失の場合には取消をすることができるとするならば、第三者による不当勧誘の事案において取消が認められるとしても、契約の相手方を不当に害する結果になるとは思われません[*55]。第三者による不当勧誘の取消の規定の緩和について引き続き検討がなされるべきです。

---

[*54]　「中間とりまとめ」23頁以下。なお「媒介」の要件を緩和することも指摘されている。

[*55]　なお、改正民法96条2項は「相手方に対する意思表示について第三者が詐欺を行った場合においては、相手方がその事実を知り、又は知ることができた意思表示を取り消すことができる」とされ、悪意のみならず有過失の場合も取消ができるという通説的見解が明文化されている。

## 8 「解除に伴う」要件(9条1号)

【消費者契約法9条1号】
(消費者が支払う損害賠償の額を予定する条項等の無効)
第9条
　次の各号に掲げる消費者契約の条項は、当該各号に定める部分について、無効とする。
一　当該消費者契約の解除に伴う損害賠償の額を予定し、又は違約金を定める条項であって、これらを合算した額が、当該条項において設定された解除の事由、時期等の区分に応じ、当該消費者契約と同種の消費者契約の解除に伴い当該事業者に生ずべき平均的な損害の額を超えるもの　　当該超える部分
〈二号　略〉

　消費者契約法9条1号は損害賠償額の予定や違約金条項において「平均的損害」を超える条項は無効としていますが、これらの条項は「消費者契約の解除に伴う」ものであることが前提とされています。しかしながら著しく高額の賠償額等を定めることによって事業者が不当な利得を得るべきではないことは、消費者契約の解除に伴わない場合においても同様です。
　この点、消費者契約法専門調査会報告書では「法第9条第1号は『当該消費者契約の解除に伴う』損害賠償額の予定・違約金条項を規律しているものの、損害賠償額の予定や違約金条項を定めることによって事業者が不当な利得を得るべきではないことは、契約の解除に伴わない場合においても同様であると考えられる。また、消費貸借における期限前の弁済時に違約金を支払う旨の条項(いわゆる早期完済条項)について、法第10条により無効とした裁判例もある。他方で、早期完済条項に法第9条第1号の規律を及ぼすことにより、事業者が提供する商品やサービスの内容設計や価格にどのような影響があり得るかは必ずしも明らかではなく、また、建物賃貸借における明渡遅延損害金を定める条項については、損害賠償額の予定ではない(いわば純粋な)違約罰としての側面もあることを考慮する必要がある。以上を踏まえると、『解除に伴う』

要件の在り方については、実質的に契約が終了する場合に要件を拡張することで、早期完済条項や明渡遅延損害金を定める条項を法第9条第1号によって規律することの適否を中心としつつ、違約罰についても『平均的な損害の額』という概念で規律することの適否も含め、引き続き検討を行うべきである……」とされています（同報告書13頁以下）。

　早期完済条項や明渡遅延損害金など解除に伴わない契約の実質的終了の際の損害賠償額の予定（更には違約罰）についても消費者契約法9条1号の規律を及ぼすことについては基本的には賛成できます。もっとも金銭消費貸借における期限前弁済と損害賠償[*56]については前章で述べたとおり、そもそも損害が生じているのかなどについて慎重に検討すべき問題です（本書66頁以下参照）。貸金業者に損害賠償責任が常に生じることを当然の前提とした上で制度設計をすることは危険です。あくまで消費者契約全般を規律するルールとして「解除に伴う」要件の見直しを検討すべきと考えます。

## 9　「平均的な損害の額」の立証責任（9条1号）

【消費者契約法9条1号】
（消費者が支払う損害賠償の額を予定する条項等の無効）
第9条
　次の各号に掲げる消費者契約の条項は、当該各号に定める部分について、無効とする。
一　当該消費者契約の解除に伴う損害賠償の額を予定し、又は違約金を定める条項であって、これらを合算した額が、当該条項において設定された解除の事由、時期等の区分に応じ、当該消費者契約と同種の消費者契約の解除に伴い当該事業者に生ずべき平均的な損害の額を超えるもの　　　当該超える部分
〈二号　略〉

　消費者契約法9条1号は平均的損害を超える損害賠償額の予定等を定

---

＊56　改正民法591条3項。

めた条項について、平均的損害を超える部分を不当条項として無効としています。この平均的損害の立証責任について大学の学納金について争われた最判平成18年11月27日は「……消費者契約法9条1号の規定により、違約金等条項は、『当該消費者契約と同種の消費者契約の解除に伴い当該事業者に生ずべき平均的な損害』（以下『平均的な損害』という。）を超える部分が無効とされるところ、在学契約の解除に伴い大学に生ずべき平均的な損害は、一人の学生と大学との在学契約が解除されることによって当該大学に一般的、客観的に生ずると認められる損害をいうものと解するのが相当である。そして、上記平均的な損害及びこれを超える部分については、事実上の推定が働く余地があるとしても、基本的には、違約金等条項である不返還特約の全部又は一部が平均的な損害を超えて無効であると主張する学生において主張立証責任を負うものと解すべきである……」と判示しています。

　しかしながら事業に必ずしも通じていない消費者において当該事業者に生ずる平均的損害を立証することは困難です。消費者契約法改正の審議過程においても、平均的損害は、当該事業者に固有の事情であり消費者が知ることは困難な場合が多いことから、立法による対応が必要であるという考えのもと、当該事業者に生ずべき平均的な損害の額を超えないことについて事業者が立証責任を負うという趣旨の規定を設けるという案や、同種事業者に生ずべき平均的な損害の額を超える部分を当該事業者に生ずべき平均的な損害の額を超える部分と推定する規定を設ける案などが検討されましたが、事業者の営業秘密や立証等のコストから反対をする意見もあり成案に至りませんでした。

　平均的損害は当該事業者においてよく知る事情であることに鑑みれば、消費者に一方的に立証責任を負わせることは妥当ではないと考えます。そして損害賠償の予定の条項は事業者において定めるものであることに鑑みれば、それが平均的損害を超えないことについても事業者に説明をさせるのが公平です。事業者が具体的根拠を示さずにただだだ平均的損害は超えていないとだけ主張をして不当条項を使用し続けること

や、消費者が平均的損害を超えるか否かの判断が困難であるが故に不当条項の主張を断念させられることは回避すべきです。他方で、事業に明るくない消費者がやみくもに平均的損害を超えると争うことは事業者にとっても望ましいことではないと考えます。平均的損害についての立証責任は事業者に課す等の改正が目指されるべきと考えます。

## 10　条項使用者不利の原則

　消費者契約法専門調査会報告書では「条項使用者不利の原則」について引き続き検討すべきとしています（同報告書15頁）。契約の条項について、解釈を尽くしてもなお複数の解釈の可能性が残る場合には、条項の使用者に不利な解釈を採用すべきであるという考え方を「条項使用者不利の原則」といいます。

　同報告書では条項使用者不利の原則について「……消費者と事業者との間には情報・交渉力の格差があることに鑑みると、条項が不明確であることによって複数の解釈が可能である場合、紛争が生じたときには消費者は事業者から不利な解釈を押し付けられるおそれがあるので、消費者の利益の擁護を図る必要があると考えることができる。また、条項使用者不利の原則を定めることは、事業者に対して明確な条項を作成するインセンティブを与えることになり、ひいては条項の解釈に関する事業者と消費者の間の紛争を未然に防止することが期待できる……」としています（同報告書15頁）。

　この「条項使用者不利の原則」については、民法改正の審議過程においても消費者契約の特則の一例として検討されましたが、立法化は早期の段階で見送られました。約款をはじめ消費者契約における条項は、事業者が予め作成し提示するものであり、消費者は個別交渉をすることはできず、これに応じるか否かだけの判断を求められることが通常です。従って、事業者には契約条項について平易かつ明確にすることが求められますし（消費者契約法3条1項前段）、複数の解釈がある場合の不利

益は策定者が負うとしても、自らのそのような条項を策定して消費者に押し付けている以上は、不公平とは言えません。「条項使用者不利の原則」という消費者契約あるいは約款規制における解釈ルールについて消費者契約法及び民法の定型約款の規定において明文化がなされる方向で検討されるべきです。

## 11　その他の論点

消費者契約法専門調査会報告書では「中間取りまとめにおいて整理された論点のうち、『消費者』概念の在り方（法第2条第1項）や情報提供義務（法第3条第1項）、断定的判断の提供（法第4条第1項第2号）など、本報告書の『第2　速やかに法改正を行うべき内容を含む論点』及び『第3　上記以外の論点』に個別には記載されていない論点については、中間取りまとめにおいて取りまとめられたところに従い、後述する『おわりに』に記載しているとおり、今後の検討課題とすることが適当である。また、法第5条第1項にいう『媒介』の意義や、法第10条後段にいう『民法第1条第2項に規定する基本原則』に反するか否かについての判断の在り方など、本報告書に個別には記載されていない論点であっても、解釈の明確化等が必要と考えられる論点については、中間取りまとめにおける取りまとめ内容及び本専門調査会の検討結果を踏まえた上で、逐条解説に記載すること等により、事業者や消費者、消費生活相談員等に周知することが適当である……」とされています（同報告書15頁以下）。

「中間取りまとめ」において取り上げられていた「その他の論点」としては例えば以下のようなものがあります。

### (1)「消費者」概念の在り方（法第2条第1項）

実質的には消費者の集まりといえる団体（自治会など）等についても適用がある旨を明文化すべきではないか。

### (2) 情報提供義務（法第3条第1項）

　努力義務から法律上の効果（取消・損害賠償）を伴う法的義務とすべきではないか。

### (3) 断定的判断の提供（法第4条第1項第2号）

　財産上の利得に影響しない事項や「将来における変動」が問題とならない事項についても対象にする必要性があるのではないか（痩身効果や運勢など）。

### (4) 法定追認の特則

　事業者から求められて代金を支払ったり、事業者から商品を受領したりした場合に一律に法定追認が認められるとすると、取消権を付与した意味がなくなりかねないのではないか。民法125条の特則を設けるべきではないか。

### (5) 人身損害の軽過失一部免除条項（法第8条第2号及び第4号）

　人身損害については軽過失一部免責条項も不当条項とすべきではないか。

### (6) 不当条項の類型の追加

　「事業者に当該条項がなければ認められない解除権・解約権を付与し又は当該条項がない場合に比し事業者の解除権・解約権の要件を緩和する条項」や「契約文言の解釈権限を事業者のみに付与する条項、及び、法律若しくは契約に基づく当事者の権利・義務の発生要件該当性若しくはその権利・義務の内容についての決定権限を事業者のみに付与する条項」、いわゆる「サルベージ条項」（本来であれば全部無効となるべき条項に、その効力を強行法によって無効とされない範囲に限定する趣旨の文言を加えたもの：例「法律で許容される範囲において一切の責任を負いません）などを不当条項として追加すべきではないか。

## 第6節 小　括

　以上、平成28年消費者契約法改正と今後の課題について概観をしてきました。過量契約取消権の追加・重要事項の追加・取消後の原状回復請求権の制限・取消期間の伸張・不当条項規制の類型の追加などを実現をした消費者契約法の実体法改正は消費者の権利を拡充したものとして基本的には評価することができます。また民法改正法案を踏まえた改正がなされるなど、改正民法による弊害防止や民法改正の審議における成果を消費者契約法改正において実現しようとした姿勢も窺われます。

　もっとも明文化されるに至った改正項目はわずかであり、多くの論点は今後の検討課題となっております。抗弁の接続や複数契約の規律（無効・取消・解除）、継続的契約と中途解約権の保障など本書で触れた論点以外にも検討すべき論点があります。今後の検討課題とされた論点については審議を先送りすることなく、まさに言葉の通り「引き続き」検討を行い、更なる消費者契約法実体法改正が早期に実現される必要があります。冒頭に見た国会の附帯決議においても3年という目途が示されておりますが、迅速な法改正の実現が求められています。

**おわりに**

# 生活者のための民法・消費者契約法改正の実現を目指して

　100年に一度という民法の大改正が検討されていることを知り、私が真っ先に頭に浮かんだのは前近代的な保証制度（根保証・連帯保証）を保証人保護の立場から見直しをすることでした。多重債務被害が社会問題化したことを受けて平成18年に貸金業法が改正され、高金利・過剰融資などが導入されました。これにより多重債務被害は大幅に減少しました。しかし「保証被害」に対する法規制はほとんど手つかずのままであり、事業者向け融資の第三者個人保証などを中心に、保証を原因とする経済的破綻や自死等の問題は引き続き深刻です。この保証被害を民法改正作業のなかで解決することができないかと考えてきました。もっとも、今般の法改正は勿論保証制度だけの改正ではなく論点は多岐にわたっています。私も所属する弁護士会の民法改正に関するいくつかの委員会等に所属して、主として消費者の立場から法制審議会の審議状況を全般的に検討し弁護士会として提言をしていく作業の末席に加わることとなりました。本書は5年以上にわたる民法改正作業の検討を通じて私なりに考えてきたことを同時期に実現することとなった消費者契約法実体法改正と対比しながら述べたものです（なお、本書で述べた見解等は全て私の個人的なものです）。

　結果的には今般の法改正は「保証被害」の防止のためには決して十分ではなく、公正証書による被害などを招く懸念が強く指摘されていることは本文で述べたとおりです。また消費貸借についていえばインターネットの利用を許容する消費貸借の諾成契約化と損害賠償規定の明文化など貸金業者に濫用されかねない規定も導入されてしまいました。改正全般を眺めても約款規定は導入がなされましたが「消費者保護」にカジを

きったものとも思われません。

　平成26年6月24日に開催された法制審議会民法（債権関係）部会第92回会議では継続審議とされていた「現代型暴利行為」について「当事者の一方に著しく過大な利益を得させ、又は相手方に著しく過大な不利益を与える契約は、相手方の窮迫、経験の不足その他の契約についての合理的な判断を困難とする事情を不当に利用してされたものであるときに限り、無効とする。」との規律を設ける【甲案】と「暴利行為については、新たな規律を設けない。」とする【乙案】が提示されました[*1]。この【甲案】は「相手方の困窮、経験の不足、知識の不足その他の相手方が法律行為をするかどうかを合理的に判断することができない事情があることを利用して、著しく過大な利益を得、又は相手方に著しく過大な不利益を与える法律行為は、無効とするものとする。」とした「中間試案」（本書24頁以下参照）よりも限定的と感じられる条文案でしたが、ここまで制限的な条文案であるにも関わらず経済界からは濫用の懸念があるなどの意見があり、他方で現代型暴利行為の規定の明文化に積極的な立場からもここまで制限的な条文案は現在の判例・実務よりも後退しすぎているなどの批判もあり、最終的に条文化は見送られました[*2]。同じように合意形成が困難であるとの理由から見送られた条文案も少なくありません。

　他方、消費者契約法改正においても事業活動を過度に萎縮させるなどの理由から広告規制・不招請勧誘規制など様々な論点が先送りとされています。

　様々な利害関係が複雑に絡み合う現代社会において取引ルールの基本となる法律を改正する作業は非常に困難を伴います。生活者・消費者の利益だけが立法にそのまま反映されるなどという単純なものではおよそありません。しかしながら契約過程や契約内容の適正化を確保するための公正な消費者取引ルールの制定は、生活者・消費者の企業や市場への

---

[*1]　民法（債権関係）部会資料80B（http://www.moj.go.jp/content/000124577.pdf）
[*2]　法制審議会民法（債権関係）部会第92回会議議事録（http://www.moj.go.jp/content/001129009.pdf）参照。

信頼を確保し、安心・安全な消費活動を促進し、健全な企業活動をも活性化させる基盤となると考えられます。企業サイドにおいても、消費者保護の強化等が企業活動を萎縮させる、濫用の懸念があると決めつけるべきではありません。

　そもそも現行民法についても、決して手放しで当事者対等・契約自由・自己責任だけを認めているのではなく、信義誠実の原則（民法1条2項）・権利濫用の禁止（民法1条3項）・公序良俗違反の無効（民法90条）などの基本原則のもと、契約正義や公平を実現しようとする要請が既に内包されています。しかしながら、裁判の現場では、条文や契約書の文言を形式的・機械的にあてはめるだけの判決や、信義則から導かれる説明義務・情報提供義務に全く無関心・無理解な裁判官で出くわすことも残念ながら少なくありません。無効・取消・解除を認めて契約の拘束力から解放をすることについての抵抗感も極めて強いものがあるようです。契約当事者間の格差への配慮などかけらもないのではないかと思わざるを得ない判決がくだされることもないわけではありません。このような民法観が——主として裁判所において——醸成されがちな現状において、更に合意重視・契約重視だけが強調された民法改正が実現するのであれば司法による消費者等の契約弱者の救済はますます困難となりそうです。

　民法は決して弱肉強食・自由放任のルールではないはずです。対等当事者の私的自治、自己決定と自己責任、契約自由を原則としつつも、これらの原則は正義・公正・公序・信義などの土台の上にはじめて認められるものであることを前提としているはずです。自己責任を問う前提として契約過程あるいは契約内容の適正が保障されている必要があります。このことが一部の裁判官において忘れられているのであれば、これを立法により条文化・明文化して従わせるよりありません。

　ほぼ同時期に実現する民法改正と消費者契約法改正の各作業は、私たち市民の日常生活に関わる取引ルールのあり方を洗い直すものでした。そして審議の過程で見送られた多くの論点にこそ、今後私たちが生活者

の立場から目指すべき法が示唆されています。改正された法の概要を把握することは勿論大切ですが、併せて立法に至らなかった論点を是非とも心にとめておいていただければと思います。そして、今後の検討課題とされた論点をこのまま埋もれさせることなく早期に立法に結びつけることが極めて重要となります。本書が生活者・消費者のための民法・消費者契約法改正を考える何らかのきっかけとなるのであれば幸いです。

2016年9月　神戸合同法律事務所創立50周年を迎えて

弁護士　辰巳　裕規

【参考文献】
- 日本弁護士連合会消費者問題対策委員会編『Q&A消費者からみた民法改正』民事法研究会
- 日本司法書士連合会編『民法改正でくらし・ビジネスはこう変わる！』中央経済社
- 潮見佳男著『民法（債権関係）の要綱仮案の概要』金融財政事情研究会
- 兵庫県弁護士会民法改正検討プロジェクトチーム編『新旧対照逐条解説　民法（債権改正）改正法案』新日本法規

# 索　引

## い
異議なき承諾の規定の削除 ……… 53
一般法 ………………………………… 10

## お
押し付け利得（給付の押付）… 29, 93

## か
解除権放棄条項の無効 …………… 95
貸金等根保証契約 ………………… 44
瑕疵担保責任 ………………… 64, 70
過失責任主義 ……………………… 39
過失責任主義からの脱却 ………… 41
過大な保証の禁止〔比例原則〕… 51
過量契約取消権 …………………… 89

## き
給付の押付け（押し付け利得）… 29, 93

## け
契約 …………………………………… 8
契約弱者 ……………………… 16, 73
契約自由の原則 ……………… 16, 55
原始的不能（ドグマ）…… 37, 38, 42
原状回復義務 ……………………… 69
現代型暴利行為 ……………… 25, 91

## こ
故意要件 …………………………… 104
合意重視 …………………………… 15
広告規制 …………………………… 101
公正証書 …………………………… 48
個人根保証契約 …………………… 43
個人保証の禁止（制限）……… 46, 48
困惑類型の追加 …………………… 105

## し
敷金 ………………………………… 69
施行期日 …………………………… 14
私法 ………………………………… 8
重要事項 …………………………… 87
状況の濫用 ………………………… 91
条項使用者不利の原則 ………… 113
消費者契約の特則 ………………… 17
消費者契約法 ……………………… 77
消費者契約法専門調査会報告書 … 84
消費者の返還義務の限定 ………… 91
情報提供義務 ……………… 55, 81, 115
信義則等の適用に当たっての考慮
　要素 ………………………… 17, 55

## せ
先行行為要件 …………………… 104

## た
退去妨害 …………………………… 82
諾成的消費貸借 …………………… 66
断定的判断の提供 ………………… 81

## ち
中間試案 …………………………… 13
中間的な論点整理 ………………… 13
中間取りまとめ ………………… 101
中間利息控除 ……………………… 35

## つ
つけ込み型勧誘 ……………… 25, 91

## て
定型約款（約款）…………… 20, 56
適合性原則違反 …………………… 91

121

| **と** |
| --- |

Do-Not-Call（DNC）制度 …… 107, 108
Do-Not-Knock（DNK）制度 … 107, 108
特定物ドグマ・法定責任説の否定
　………………………………… 66
取消権の行使期間の伸張 ………… 94
取引上の社会通念 …………… 38, 39

| **ね** |
| --- |

根保証 ……………………………… 44

| **は** |
| --- |

媒介受託者 ……………………… 108

| **ひ** |
| --- |

ビジネスルール化 ……… 15, 16, 73

| **ふ** |
| --- |

不作為をもって意思表示とみなす条項
　………………………………… 97
不実告知 …………………………… 81
不実表示 …………………………… 27
不招請勧誘の禁止 ……………… 106
不退去 ……………………………… 82

附帯決議 ………………………… 100
不当勧誘規制 ……………………… 81
不当条項規制 ………………… 61, 82
不当条項規制のリスト … 83, 95, 99, 115
不当条項類型の追加 … 83, 95, 99, 115
不利益事実の不告知 ………… 81, 103

| **へ** |
| --- |

変動制、変動金利 …………… 33, 34

| **ほ** |
| --- |

法制審議会 ………………………… 11
法定利率 …………………………… 33
保証人保護の拡充 ………………… 51
保証被害 …………………………… 48

| **み** |
| --- |

民法 ………………………………… 7
民法（債権関係）の改正に関する要綱
　………………………………… 13

| **や** |
| --- |

約款（定型約款）………………… 20, 56

**著者　辰巳裕規**（たつみ・ひろき）

1972年　札幌市生まれ
1995年　司法試験合格
1996年　京都大学法学部卒業・司法研修所入所
1998年　弁護士登録・神戸合同法律事務所入所
現　在　日本弁護士連合会消費者問題対策委員会委員、適格消費者
　　　　団体ＮＰＯ法人ひょうご消費者ネット理事　等

**著書**（分担執筆）

公正証書問題対策会議編著『これでいいのか、公正証書！──被害
　救済とあるべき公証制度をめざして』耕文社、2005年

日本弁護士連合会上限金利引き下げ実現本部編『Ｑ＆Ａ　改正貸金
　業法・出資法・利息制限法解説』三省堂、2007年

全国クレジット・サラ金問題対策協議会編著『多重債務解決法のす
　べて──「改正貸金業法完全施行」に対応』明石書店、2010年

日本弁護士連合会消費者問題対策委員会編『Ｑ＆Ａ　消費者からみ
　た民法改正』民事法研究会、2015年

兵庫県弁護士会民法改正検討プロジェクトチーム編『新旧対照逐条
　解説　民法（債権関係）改正法案』新日本法規、2015年　等

### 生活者のための民法（債権関係）＆消費者契約法改正
―法改正の概要と今後の課題―

| | |
|---|---|
| 発行日 | 2016年9月30日　初版第1刷 |
| 著　者 | 辰巳裕規 |
| 発行者 | 兵頭圭児 |
| 発行所 | 株式会社　耕　文　社 |
| | 大阪市城東区蒲生1丁目3-24 |
| | TEL. 06-6933-5001　FAX. 06-6933-5002 |
| | http://www.kobunsha.co.jp/ |

　　　　　Ⓒ Hiroki Tatsumi　　2016　　Printed in Japan
　　　　　ISBN978-4-86377-044-7　C0032
　　　　　（落丁・乱丁の場合は、お取替えいたします）

## 全国クレサラ・生活再建問題対策協議会の本

### 社会保障相談員養成講座 Part1
### 社会保障制度を活用した生活再建支援
編著・発行　全国クレサラ・生活再建問題対策協議会
定価　税込1,500円　（送料164円）

### 必携 法律家・支援者のための
### 生活保護申請マニュアル 2014年度版
（付録　最低生活費計算ソフト・書式入りCD）
編著　生活保護問題対策全国会議
発行　全国クレサラ・生活再建問題対策協議会
定価　税込1,800円　（送料164円）

### 必携！ 生活者と中小企業の活動 Q＆A
年金・社会保険に関する不服申立から中小企業の経営再建までを
分かりやすく網羅的に解説
編著・発行　全国クレジット・サラ金問題対策協議会
定価　税込1,645円　（送料164円）

### 知っておきたい
### クレジット・サラ金事件処理の最新論点
編著・発行　全国クレジット・サラ金問題対策協議会
定価　税込2,468円　（送料164円）

お申し込み先
全国クレサラ・生活再建問題対策協議会事務局（弁護士 河野　聡）
〒870-0047　大分市中島西1丁目4番14号　市民の権利ビル3階
TEL.097-533-6543　FAX.097-533-6547
E-mail：taikyo@oitashiminlaw.com

《書籍の注文方法》書籍のタイトル・冊数と書籍送付先の〒番号、住所、TEL番号FAX番号（お持ちの方）をご記入の上、上記までFAXもしくはメールでお申し込み下さい。送料について、ご不明な場合はお問い合わせ下さい。書籍代・送料については同封された郵便振替用紙にてお支払い下さい。また、ゆうちょ銀行の振込でも結構です。

---

## 耕文社の本

### 変容するドイツ政治社会と左翼党
――反貧困・反戦――

木戸衛一 ［著］
Ａ５判　並製　196ページ　本体1,700円　978-4-86377-038-6
ドイツで「反貧困・反戦」を旗印とし躍進する左翼党。その背景と展望を、ドイツと欧州の近現代史から分析する。

### パロディのパロディ　井上ひさし再入門
――非国民がやってきた！ Part 3――

前田　朗 ［著］
Ａ５判　並製　252ページ　本体1,800円　978-4-86377-042-3
井上ひさしは「９条を守る」だけではなく、「平和をつくる」ことを提起してきた。パロディのパロディにより井上ひさしワールドの入口に案内する。

### 甲状腺がん異常多発とこれからの広範な障害の増加を考える ［増補改訂版］

医療問題研究会 ［編著］
Ａ５判　並製　166ページ　本体1,200円　978-4-86377-041-6
福島第一原発事故で進行する低線量・内部被ばく、急増する甲状腺がんなどの障害の問題を考える上で必携の書。

全国の書店、小社ウェブページ（www.kobunsha.co.jp）でご注文できます。